Aktuelles Nachdenken zu Kirchenfragen • Regina Rausch, auch Elisabeth III.

Bibliografische Information der Deutschen Nationalbibliothek
Die Deutsche Nationalbibliothek verzeichnet diese Publikation in der Deutschen Nationalbibliografie; detaillierte bibliografische Daten sind im Internet über http://dnb.d-nb.de abrufbar.

Rheinstraße 46, 12161 Berlin
Telefon: 0 30 / 76 69 99-0
www.frieling.de
ISBN (Print): 978-3-8280-3710-6
1. Auflage 2022
Umschlaggestaltung: Emilia Agovic
Bildquelle: aus dem Archiv der Autorin
Bildquelle Cover: pixabay

Printed in Germany

Regina Rausch, auch Elisabeth III.

Aktuelles Nachdenken zu Kirchenfragen

FRIELING

Inhalt

Einführung

In den fünfzig Jahren Dienstzeit in den Folgen des Zweiten Weltkrieges hatte die Autorin Regina Rausch, auch Elisabeth III. drei Dienstaufgaben.
Die erste Forderung war das Halten von Frieden zwischen dem Vereinten Königreich von Großbritannien und Nordirland und dem recht zerstörten Deutschland. Die Autorin wuchs dabei in der DDR auf in der Familie einer Schwester oder Halbschwester Ihrer Majestät Königin Elisabeth II.
Das zweite war der Aufbau und die Stärkung von Kirchen und das Erziehen zu christlichem Glauben, was sich im Halten der zehn Gebote für alle Religionen und dem Sozialismus am deutlichsten ausdrücken sollte.
Die dritte Aufgabe war das Pflegen internationaler Beziehungen, was in der DDR und in den Möglichkeiten der Familie Hanna und Friedrich Ebert sehr begrenzt war.
Es gab aber für die Autorin etwa Briefwechsel in die damalige Union der sozialistischen Sowjetrepubliken beim Russisch lernen in der Schule, Reisen nach Tschechien, Ungarn, Rumänien und Bulgarien. Solche Reisen waren aber Privatreisen und ohne direkte Regierungskontakte, aber auch nicht unauffällig. Sie bleiben in den Möglichkeiten der Familie Ebert und später nach der Eheschließung der Familie Rausch.
Die Zusammenstellung der Texte für diesen Band beschäftigt sich mit den Fragen der ehrenamtlichen Arbeit der Autorin Regina Ebert, ab 1977 verheiratet Rausch für Kirchen in der DDR und ab 2005 bis 2021 mit Gebeten zu den Abenden der ökumenischen Friedensdekade. Sie waren teilweise in deutscher Sprache, teilweise in Englisch.

Manche sind gehalten worden und die Mehrzahl erschien immer im Januar des folgenden Jahres im Eigenverlag Regina Ebert Rausch - der heute mit der Betriebsnummer 94 78 14 00 registriert ist - als preiswert einfache Computerdrucke und dann zum Verkauf in deutscher Sprache.
Aus Sicht der Autorin und in königlicher Sicht sind die Fragen der Könige und der Kirchen immer Fragen von Reichtum und Macht, Fragen von Vorherrschaft und von Einordnen.
Es ist ein kompliziertes Thema, in dem man sich mit der Autorin Regina Rausch, auch Elisabeth III. auseinandersetzen kann. Man kann die Autorin zitieren und unter den ISBN – Nummern des Frieling – Verlages oder denen des Eigenverlages in wissenschaftlicher Betrachtung angeben.
Geprägt aber wurden diese Betrachtungen, das Beteiligen oder das Fehlen in vielen Veranstaltungen der Gemeinden immer von Arbeitsverträgen, die das Einkommen und den nötigen Unterhalt brachten auch für Kranken – und Rentenversicherungen mit Arbeitsorten im Osten und Westteil Deutschlands, von den Reisen zwischen Deutschland und Großbritannien, vom Inhalt der Ausstellungen und von den Begegnungen mit der eigenen Familie, mit der ich im Rechtssystem der DDR keine Kontakte halten konnte und durfte.
Der Mauerfall hat damit sowohl diesen Teil der Verträge beeinflusst, als auch die Reisemöglichkeiten der Autorin. Es besteht aber auch die Möglichkeit, dass man sich in den Fragen von christlichem Glauben und deutschen Kirchenordnungen eine ganz andere Meinung bildet.
Die Autorin räumt trotzdem die Möglichkeit des Lesens ihrer Sicht ein.

Zur Geschichte deutscher Kirchen

Der Beitrag erscheint in Auswertung der Betrachtungen zu Verträgen, die die deutsche Regierung und die britische Regierung 1954 geschlossen haben, die den Frieden zwischen den beiden Ländern für fünfzig Jahre garantieren sollten und **die das auch geschafft haben**. Der beginnenden Gier aber nach besseren Arbeitsstellen für den damaligen Landkreis Löbau / Zittau ist der in dieser Zeit Dresdner Professor Norbert M. Seel zum Opfer gefallen als das älteste Kind Ihrer Majestät Königin Elisabeth II.

Bild der Autorin Regina Rausch, die diesen Verträgen unterlag.

Das zweite Kind IM Königin Elisabeth II. lebte in diesem Austausch für Frieden in Deutschland für 50 Jahre von 1954 bis 2004 unter den Namen Regina Ebert und verheiratet unter Rausch (Geburtsname HRH Princess Anne, Elisabeth, Alice, Louise)

davon in Karl – Marx – Stadt

von etwa 1959 in der Familie Ebert und damit in der evangelisch / lutherischen
Kirchgemeinde Petri/ Lukas

in Christenlehre bei Pfarrer Franke / Pfarrer Drechsel
im Konfirmandenunterricht bei Pfarrer Ackermann / Pfarrer Vogel

in der Ev. Studentengemeinde bei Pfarrer Hans- Jochen Vogel (auch in Arbeit als Vertrauensstudent)
in der Partnerarbeit zu den Studentengemeinden von Reutlingen und Mannheim
in ökumenischer Arbeit der ESG in Berlin (Konferenzen und Gedankenaustausch)
in Partnerarbeit zur katholischen Studentengemeinde in Karl – Marx - Stadt von 1974 bis 1978
in der Arbeitszeit als Lehrerin bis nahezu zur Wende in einem Arbeitskreis christlicher Lehrer in Berlin unter Vorbereitung und Organisation des Pfarrer Hans- Jochen Vogels (Studentenpfarrer / Gemeindepfarrer in Karl – Marx – Stadt / Chemnitz)

in Zittau

Klosterkirche in Zittau als Kirche der Eheschließung für 25 Jahre und Taufe der Tochter

Kontrollbesuch bei Pfarrer Peczat etwa 1976
Eheschließung bei Pfarrer Pappei 1977 mit Günther Rausch in der Klosterkirche in Zittau (Ehescheidung zur Vorbereitung der Rückgabe an das Vereinte Königreich 2002)
Taufen der Kinder Friederike 1981 (Prinzessin Friederike) in der Klosterkirche
Konrad 1983 (Prinz Konrad Friedrich) in der Weberkirche
Ehrenamtliche Arbeit für Kindergottesdienste
Hospitationen in Christenlehre unter Pfarrer Blumenschein für den Arbeitskreis christlicher Lehrer in Berlin und für die neuen Lehrpläne der Christenlehre

(Anfragen vielleicht möglich an Pfarrer Haupt damals Erfurt, an Pfarrer Götz Doyé später möglicherweise gewähltes Mitglied im Deutschen Komitee für UNICEF) Kontrollbesuche in der Familie Stempel (Superintendent in Zittau)

in Berlin

- Arbeitskreis christlicher Lehrer in der DDR

Partnerarbeit und Partnertreffen zu den Studentengemeinden von Reutlingen und Mannheim

Ökumenische Osterkonferenzen

1997

Arbeit für die katholische Hilfsorganisation pax christi für Kinder mit Kriegsfolgen in Flüchtlingslagern in Split Kroatien

1998

Nachsorge für diese Arbeit eben da

Begleitung der älteren Schwester Ihrer Majestät Königin Elisabeth II. (Hanna Ebert) in Karl –Marx – Stadt/ Chemnitz bei Kirchenbesuchen und im Gustav Adolf – Werk

Lesung zum Krieg in Jugoslawien / Arbeit in Flüchtlingslagern in Split und zu Reisen durch Europa / Ausstellung von Fotos dazu

in anderen Kirchgemeinden

Evangelisch/lutherische Kirchengemeinde Petri/ Lukas

Gottesdienstbesuche in Karlsruhe, Basel, Bad Herrenalb, Bad Wildbad
Kirchenbesuche überall selbst in Bayern und auf allen Reisen etwa in Split/ Kroatien
Besuche der Friedensdekaden in Zittau und Porajow, Besuche in der methodistischen Kirche in Zittau, in der Brüdergemeinde in Herrnhut und von Veranstaltungen zum Weltgebetstag der Frauen

Ausstellung: „Ein Blick auf Europa" in Nisky in der Brüdergemeinde am Zinsendorfplatz 1998

Kirchenaustritt aus deutschen Kirchen wegen der Verfehlungen oder den Problemen kirchlicher Mitarbeiter in Folge der Öffnung der Unterlagen der Stasi der DDR in Zittau und dem Umgang mit den gefundenen Informationen etwa **im Jahr 2001**
und zur Thronfolge zu IM Königin Elisabeth II.

• Besuche in Kirchen aller Konfessionen in der Arbeit von Thronfolgern ab 1995
• Kandidatur zum Deutschen Bundestag mit Liste für Gerechtigkeit und Frieden 1998 im Wahlkreis Zittau – Görlitz - Nisky
• Kandidatur zur Wahl zum Sächsischen Landtag 2009

Die Grundlage christlichen Glaubens bleibt die Wahrheit und nichts als die Wahrheit in den Aussagen von Pfarrern und die zehn Gebote wissend um menschliches Versagen.

ab 1998: Besuche in britischen Kirchen und Kirchgemeinden davon ganz besonders oft in der Kirche der Burg von Dover zum Festigen der Sprachkenntnisse und zum leichten Umstellen auf ein Leben zwischen den zwei Ländern.

Konkrete Aussagen der Tochter Ihre Majestät Königin Elisabeth II. und Seiner Königlichen Hoheit Prinz Philip, Herzog von Edinburgh findet man auch unter dem Namen Regina Rausch, auch Elisabeth III.

In Ihren Schulferien besuchte Regina Ebert, später verheiratet Rausch die Gottesdienste in der Dorfkirche in Schellenberg.

Es gab viele Gottesdienstbesuche von 1998 bis 2019 in der Kirche der Burg von Dover.

in Veröffentlichungen in Deutschland

zu Fragen mit Bezug zu Religion, Kirche und christlicher Erziehung

im Eigenverlag:

Regina Ebert Rausch: ISBN 3 – 00 – 002610 – X (Beiträge zur Erziehung - Historische Beiträge zu Fragen von Erziehung)

im Verlag Frieling und Partner Berlin:

ISBN 978 – 3 – 8280 – 2502 – 8

ISBN 978 – 3 – 8280 – 2619 – 3

(Die großen Themen unserer Zeit 2007 und 2008)

Gebete zur Friedensdekade 2006, 2007, 2008, 2009 fanden Würdigung der deutschen Regierung. (Eigenverlag Regina Ebert Rausch Zittau)

DEUTSCHER BUNDESTAG
Petitionsausschuss

11011 Berlin, 05.01.2007
Platz der Republik 1

Pet A-16-99-1030-017242
(Bitte bei allen Zuschriften angeben)

Fernruf (030) 227-32889
Telefax (030) 227-36053

Frau
Regina Rausch
Neiss-Str. 23

02763 Zittau

Petitionsrecht

Ihr Schreiben vom 4. Januar 2007

Sehr geehrte Frau Rausch,

hiermit bestätige ich den Eingang Ihres Schreibens mit den beigefügten „Gebete für Frieden".

Ihre Gebete habe ich mit Interesse gelesen und wünsche Ihnen weiterhin viel Freude an Ihrer dichterischen Arbeit im Sinne des damit verbundenen Anliegens.

Mit freundlichen Grüßen
Im Auftrag

(Hartmut Wahn)

DEUTSCHER BUNDESTAG
Petitionsausschuss

11011 Berlin, 27.02.2008
Platz der Republik 1

Pet A-16-99-1030-035250
(Bitte bei allen Zuschriften angeben)

Fernruf (030) 227-32889
Telefax (030) 227-36053

Frau
Regina Rausch
Neiss-Str. 23

02763 Zittau

Petitionsrecht

Ihr Schreiben vom 4. Januar 2008

Sehr geehrte Frau Rausch,

vielen Dank für Ihr Schreiben mit den beigefügten „Gebeten zur ökumenischen Friedensdekade im Jahr 2007". Ich habe sie mit Interesse gelesen.

Mit freundlichen Grüßen

Im Auftrag

Hartmut Wahn

(Hartmut Wahn)

DEUTSCHER BUNDESTAG
Petitionsausschuss

11011 Berlin, 17.02.2009
Platz der Republik 1

Pet A-16-99-1030-035250
(Bitte bei allen Zuschriften angeben)

Fernruf (030) 227-32889
Telefax (030) 227-36053

Frau
Regina Rausch
Neiss-Str. 23

02763 Zittau

Petitionsrecht

Ihr Schreiben vom 10. Februar 2009

Sehr geehrte Frau Rausch,

vielen Dank für Ihr Schreiben mit den beigefügten „Gebeten zur Friedensdekade im Jahre 2008 in Zittau". Ich habe sie mit Interesse zur Kenntnis genommen.

Mit freundlichen Grüßen

Im Auftrag

(Jost George Martin)

DEUTSCHER BUNDESTAG
Petitionsausschuss

11011 Berlin, 05.03.2010
Platz der Republik 1

Pet A-16-99-1030-035250
(Bitte bei allen Zuschriften angeben)

Fernruf (030) 227-32889
Telefax (030) 227-39028

Frau
Regina Rausch
Neiss-Str. 23

02763 Zittau

Petitionsrecht
Ihr Schreiben vom 10. Januar 2010

Sehr geehrte Frau Rausch,

im Auftrag der Vorsitzenden des Petitionsausschusses des Deutschen Bundestages, Frau Kersten Steinke, MdB, danke ich Ihnen für Ihr Schreiben.

Aufgrund der hohen Arbeitsbelastung war es mir leider nicht möglich, Ihnen früher zu antworten. Ich bitte dafür um Verständnis.

Ihre Ausführungen habe ich zur Kenntnis genommen.

Mit freundlichen Grüßen
Im Auftrag

Jost G. Martin

(Jost George Martin)

Ergänzende Literatur:

Die Bibel oder die ganze Heilige Schrift des Alten und Neuen Testaments Evangelische Haupt - Bibelgesellschaft zu Berlin 1966

The Bible - Authorized King James Version with Apocrypha - Oxford World´s Classics

Christian Fischer Wir haben Euer Gelöbnis vernommen - Leipzig Evangelische Verlagsanstalt 1998
ISBN 3 – 374 – 01584 – 4

Regina Rausch Historische Beiträge zu Fragen von Bildung und Erziehung
ISBN 3 – 00 – 002610 – X, Zittau Eigenverlag, Regina Ebert Rausch 1998

Elke Vogel, Christian Keller, Gerhard Köberlin, Jens Langer lebendig werden - Die Stimme Hans Jochen Vogels - Scheunen-Verlag Kückenshagen 2008
ISBN 978-3-938398-58-6

The Episcopal Church, The Book of Common Prayer and Administration of the Sacraments and - Other Rites and Ceremonies of the Church - OCFORD UNIVERSITY PRESS, New York

Offiziershochschule der Landstreitkräfte Ernst Thälmann; Ein historischer Abriss 1963 - 1990
Autorenkollektiv, Verlag Graphische Werkstätten Zittau GmbH, ISBN 978 – 3- 929744- 34 – 7

Regina Rausch, in Anthologie „Die großen Themen unserer Zeit 2007 Zeitkritik“
ISBN 978 – 3 – 8280 – 2502 – 8 Frieling - Verlag Berlin
Regina Rausch, in Anthologie „Die großen Themen unserer Zeit 2008 Zeitkritik“
ISBN 978 – 3 – 8280 – 2619 – 3 Frieling – Verlag Berlin

Die Beteiligung der Autorin Regina Rausch, auch Elisabeth III. an der ökumenischen Friedensdekade in Zittau beginnt im Jahre 2003 nach dem Austritt aus der Evangelischen Kirche der BRD.

Wie fast alle Frauen im Fall der Mauer wurde ich zuerst mal arbeitslos 1992. Es folgten befristete Arbeitsverträge in Aushilfstätigkeit etwa als Lehrerin in Vertretung für eine schwangere Kollegin, kleinere Verträge im Austragen einer Zeitung, Nachhilfeunterricht, und Arbeitsverträge in der Gastronomie im Westteil Deutschlands, Arbeit als Lehrerin im Deutschunterricht für Spätaussiedler, Kinderbetreuung über das Landratsamt, Nachhilfe für Englisch und Mathematik in einem Nachhilfestudienkreis und viel ehrenamtliche Tätigkeit wie Arbeit in einem Flüchtlingslager in Kroatien. Die Freiberuflichkeit ist als Steuerverhältnis seit 1998 anerkannt.

In ihren Dienstverträgen darf die Autorin bei der Rückgabe im Jahre 2004 keiner Organisation angehören. Ein Ende der Mitgliedschaft in deutschen Kirchen beeinflusst aber den christlichen Glauben nicht unbedingt, wenn man dem Wechsel zwischen den Ländern und deren Rechtsformen unterliegt. Stolz durfte ich mir in einer Kirche in Dover erzählen lassen, dass Ihre Majestät Königin Elisabeth II. die Kirchen im Vereinten Königreich führt, aber eben weit mehr ist als ein Mitglied. Sie führt alle Kirchgemeinden. Mir hat der Gedanke furchtbar gut gefallen. Dann wollen die Frauen meiner Umgebung wenigsten einsehen, dass man mir nicht gleich sein kann. Zu so einem Denken konnte ich in Deutschland niemanden bewegen. Ich denke aber gerne und beeindruckt an die Zeit des Lernens in meiner Heimat zurück.

Die Geldforderungen der lokalen CDU und der Kirchen in Deutschland aber haben die Kirchen in meiner Heimat teuer bezahlen müssen. Ich bezeichne das eher scherzhaft als Kopfgeld, denn ich habe diesen Mauerfall um die DDR gut überlebt. Hätte ich das ohne die Zahlungen geschafft? Man war mit Geld vertun beschäftigt und ich hatte freien Spielraum für Familie und Arbeit auch nach der „Getrennt lebend Erklärung" einer in der Kirche und der Kirchgemeinde sich bewegenden Anwältin, die auf den Sozialismus der DDR vereidigt war. Die Kirche wurde aber später zerstört bei einem Kabelkurzschluss. So wollte man meinen Weg vertuschen? Im Laufe der Jahre bis 2019 konnte ich noch für den Wideraufbau spenden. War das nicht deutsche Schuld oder die der Juden, dass man eine Kirche vernichten will? Ich jedenfalls sehe das Lernen der zehn Gebote als Chance in der Erziehung früher in der DDR und auch noch heute.
Die ab dem Jahre 2003 gehaltenen Gebete sind vorbereitet und von mir gelesen wurden, an den Stellen, wo sich ökumenische Gäste zu Wort melden durften.
Ab dem Jahre 2008 entstanden die Gebete zum Nachdenken für jeden einzelnen und für mich als Produkt gedruckt im Eigenverlag zum Verdienen und damit zum Verkauf.
In den Abenden der Friedensdekade durften sich nur noch vorher angemeldete Kirchenkreise und Vereine zu Wort melden.

Das Bild der zerstörten Kirche in Dover im Süden von England findet man auf Seite 64.

Gebete für die ökumenische Friedensdekade im Jahre 2003 in Zittau

(Die Gebete sind eingepasst in das jeweilige Thema der Abende und tatsächlich im Recht auf Meinungsfreiheit gehalten oder eben in deutscher Sprache verkündet)

Herr unser Gott,
wir sind erschüttert über das, was aus den Kirchen der BRD in der Nachwendezeit wurde. In den Kämpfen der Evangelischen Kirche um Macht gab es Tode. Man missachtet Autoritäten, wenn sie nicht einstimmen wollen in das allgemeine Geheul unserer Zeit. Kirchgemeinden haben es nicht nötig, die Briefe ihrer Gemeindeglieder oder anderer Personen ernst zu nehmen oder sie zu beantworten.
Herr unser Gott, begleite unseren Weg in Frieden.

Amen

Herr unser Gott,
mache Kirchen in der BRD zur Umkehr bereit.
Herr unser Gott, begleite unseren Weg in Frieden.

Amen

Herr unser Gott,
ich klage die Evangelische Kirche der BRD an, den Frieden zu gefährden durch ihre Forderungen nach länderübergreifender Zusammenarbeit in der Ökumene.
Es entsteht dabei der Vorwurf, dass man damit die Regierungsform anderer Länder stören und vernichten will.

Ich fordere dabei gleichzeitig die katholische Kirche auf die Vorherrschaft der Königin für alle auf dem Boden des Vereinten Königreiches stationierten Kirchen zu achten, zu akzeptieren und das sichtbar zu zeigen.
Herr unser Gott, begleite unseren Weg in Frieden.

Amen

Herr unser Gott,
wir sind dankbar über die Trennung von Kirche und Staat in Deutschland, wenn die Kirche unter solchen Vorgaben arbeiten will. Diese Abgrenzung wird dann ein Funke von Hoffnung und Frieden.
Herr unser Gott, begleite unseren Weg in Frieden.

Amen

Herr unser Gott,
wir bitten dich, behüte alle Menschen im Kampf um Arbeitsplätze, Ansehen, Reichtum und politischen Einfluss, dass sie aufeinander achten, Rechte wahren und friedliche Wege finden.
Herr unser Gott, begleite unseren Weg in Frieden.

Amen

Kirche der Konfirmation der Autorin nach der Renovierung ca. 2017

Gebete zur ökumenischen Friedensdekade in Zittau 2004 und 2005

(Die Gebete sind eingepasst in die jeweiligen Abende aber wegen der Übergabebestimmungen meiner Verträge nicht in deutscher Sprache)

Our Lord,
we pray for peace. We say thank you for the time together with Christians as members of German churches. **Our Lord,** be with us in the time of peace and war. Let us build our English church for our future and for the time, when we die.
Please our father, guide us and defend us on our way home.

Amen

Lord, hear us

Let us pray for those who face danger today in their service of their countries and to protect others. Most gracious God, in whose will is our peace.

Lord, hear us

Let us pray for those who face danger today in their service of their countries and to protect others. Most gracious God our father, in whose will is our peace. Tourn our hearts of all men to yourself that by the power of your spirit the peace which is founded on righteousness may be established throughout the whole world: through Jesus Christ our Lord.

We pray:

Our Lord, who art in heaven,
hallowed be thy name.
Thy kingdom comes.
They will be done on earth as it is in heaven.
Give us this day our daily bread.
And forgive us our trespasses,
as we forgive those who trespass against us.
And lead us not in to temptation,
but deliver us from evil.
For thine is the kingdom,
And the power, and the glory are yours
now and forever. Amen

Bild der Autorin mit Tauben als Symbol des Friedens auf dem Markt von Mailand von einer ihrer Reisen nach Kroatien zur Arbeit in einem Flüchtlingslager in Split

… und raus bist du …

Gebete zur ökumenischen Friedensdekade vom 12. bis 22. November 2006

Machtmissbrauch

Herr unser Gott, ich bin es, dessen Geburtsdatum im Pass nicht stimmt.
Ich bin es, den deutsche Ämter abwimmeln, wenn ich das klären will.
Ich bekomme dann Berufsverbot in diesem Amt.
Ich bin es, der ein schlechtes Gewissen bekommt, wenn er den Zahnarzt wechselt. Deutsch nationale Schweine könnten ihn verfolgen, wie einst die Ärzte, die Juden noch behandelten in der Zeit des zweiten Weltkrieges.
Wie lange **gerechter Gott** soll man sich das von deutschen Kirchen gefallen lassen?

Amen

Festung Europa

Herr unser Gott, in der reich gegliederten und interessanten Struktur unserer Gesellschaft bitten wir dich besonders um den Erhalt der Königreiche. In Europa gehören sie zu den Ländern, die schulden frei wirtschaften. Im Fall der Mauer sind sie besonders hart angegriffen worden im Streben nach Reichtum der Kirchen und der Sozialisten.
Gerechter Gott, schenke ihrer Regierungsform Stabilität und Frieden.

Amen

Geschwister im Lande Kanaan

Herr unser Gott, wir gedenken in jedem Jahr dem Leben des Professors Norbert M. Seel. Geboren als Prinz Charles, Philip, Arthur, George starb er in seinem Dienst für Frieden im Mandelbachtal bei Saarbrücken. Er war mein Bruder. Wir gedenken seinen bedeutenden Leistungen bei der Umgestaltung der Universität Dresden von einer einseitig sozialistischen zu einer freien Universität und wir gedenken der Bedeutung seiner wissenschaftlichen Arbeiten für die Fachwissenschaftler der gleichen Studienrichtung.
Gerechter Gott, nimm ihn in Frieden in dein Reich auf und stärke all diejenigen, die die Wahrheit durchsetzen.

Amen

Alt und jung

Herr unser Gott, in der Sehnsucht nach Reichtum beginnen junge Leute mit viel zu großen, viel zu teuren Wohnungen. Um sie halten zu können, müsste man

- mit jemanden zusammen ziehen, der eine hohe Rente bekommt und den man in den Tod begleiten kann
- Man müsste klauen.
- Man müsste eine Bank ausrauben.
- Man müsste arbeiten.

Heute ist das viel schwerer, das alles zu überblicken, als das früher war. Du lehrst: Ich bin der Herr dein Gott, du sollst nicht stehlen.

Gerechter Gott, hilf, dass deine Gebote Grundlage christlicher Erziehung bleiben.

Amen

Kind sein

Herr unser Gott, ich kann nichts anfangen mit der Gemeindehure mit ihren unehelichen Kindern, die da plötzlich bei mir leben will.
Ich bekenne mich zu deinem Glauben und deinen Geboten.
Ich ordne mein Leben, wie du das lehrst. „Ich bin der Herr, dein Gott." „Du sollst Vater und Mutter ehren, auf dass es dir wohlergeht und du lange lebst auf Erden."
Gerechter Gott, hilf dass Christen das heute wieder so lernen auch in deutschen Kirchen.

Amen

Solidarische Gemeinschaft

Herr unser Gott. Ich ertrage es nicht, dieses Gerede von solidarischer Gemeinschaft mit den Schwachen dieser egoistischen, immer an sich denkenden Menschen meiner Umgebung. Verschone mich davor, dass je ernst zu nehmen.
Gerechter Gott, Leben und Wachsen, Sterben und Vergehen lege ich in deine Hände.

Amen

Wachen und Mitgeben

Herr unser Gott, Ich habe ein Leben lang streng nach deinen Geboten gelebt. Mit mir möchte jeder gerne zusammen sein, besonders die, die Schuld tragen gegen

meine Familie. **Herr unser Gott.** Ich habe Eltern und Kinder und Arbeit.
Ich danke dir von Herzen, dass mir das zum Leben reicht.

Amen

Gewaltfreier Umgang

Herr unser Gott, wenn ich in einem solchen Leben in Wahrung von Frieden, Recht und Ordnung meine Eltern nicht besuchen darf, dann wollten in Deutschland Kohl, Herzog, Schröder, Merkel, Richard von Weizäcker und viele andere in Nachfolge Adolf Hitlers treten

- über fehlende Pressefreiheit
- falsch Zeugnis der Kirchen
- Abfangorganisationen für Post und Informationen
- Hausdurchsuchungen nach brauchbarem in Politik und Gesellschaft

Wenn wir dabei ganz bescheiden bleiben wollen, **gerechter Gott,** dann danken wir dir, dass wir das verhindern konnten bis zu dieser Zeit.

Amen

Erinnerung

Herr unser Gott, geboren als Kind eines griechischen Vaters und einer britischen Mutter, welches später deutsche Papiere bekam, sieht das Leben zwischen den Kriegen immer anders aus als das Leben derer, die sich um nationale Vorteile streiten wollen. Manchmal sind

diese Unterschiede für mich schwer und manchmal bin ich darauf sehr stolz.
Gerechter Gott, weise du mir den Weg, wissend um deinen Schutz, wenn du mich aufnehmen wirst in dein Reich.

Amen

Gottesbild und Menschenwürde

Herr unser Gott, lehre all diejenigen schweigen, die hinter ihrem Reden ungerechtfertigtes Machtstreben verstecken. Damit ich gemäß deinem Gebot gehört werde mit: Ich bin der Herr, dein Gott, du sollst nicht falsch Zeugnis reden wider deinem Nächsten.
Gerechter Gott, du stärkst und richtest. Du lehrst: Wir sollen nicht begehren unseres Nächsten Haus, Knecht, Magd, Vieh und alles, was sein ist.
Heute gehören dazu meine Urheberrechte, Datenträger und Disketten. Hilf, dass in Deutschland solche Urheberrechte tatsächlich vom Urheber verwaltet werden dürfen und nicht nationalsozialistische Parteien und Gruppierungen an meinen Urheberrechten ihre Ideologie bauen können.
Gerechter Gott, darum bitten wir dich in Wahrung von Frieden.

Amen

Christliche Tafel

Herr unser Gott, in einem alten Kirchenlied gibst du die Zusage, dass du uns in schlechten Zeiten pflegst. Wir dürfen dich um diese Pflege bitten. „Führst du uns auf raue Wege, gib uns auch die nötige Pflege, denn durch Trübsal hier, führt der Weg zu dir."
Gerechter Gott, wir danken dir dafür. **Amen**

andere achten

Gebete zur ökumenischen Friedensdekade 2007 in der Zittauer Hospitalkirche vom 11. bis 20. November

Kein falsches Zeugnis

Gerechter Gott, wir bitten um Frieden.
Bist du nicht stärker gerechter Gott als all diese Lügen und hat sich vertrauen auf dich nicht immer gelohnt? Was wollten Christen, Juden, Sozialisten und all die Religionen nicht schon alles ins Feld führen, um ihre besondere Bedeutung zu zeigen? Sind nicht alle Menschen gleich vor dir, gerechter Gott? Sie werden geboren, leben und tragen Schuld und sie sterben. Zeugnis wozu? Wissen wir nicht um das Irren der Menschen?
Schenke uns Frieden gnädiger Gott.

Amen

Kain oder der Hüter meines Bruders

Gerechter Gott, wir bitten um Frieden.
Die Bemühungen um Frieden zwischen dem Vereinten Königreich und der Bundesrepublik Deutschland hat Tote gefordert nach dem zweiten Weltkrieg und nach dem Fall der Mauer. Wir gedenken dem Leben des Professors Norbert M. Seel. Er war mein Bruder nach den genetischen Daten.
Herr unser Gott, wäre aus meiner Tochter je das geworden ohne das Vorleben meines Bruders in seiner Arbeit für die Universität Dresden, was sie heute ist – nämlich dort angestellte Mitarbeiterin?

Wir träumen von Frieden und Freiheit und erkennen, wie schwer sie zu leben sind. Wir träumen von gebraucht werden und merken nicht, dass wir anderen lästigfallen. Wir wollen mit unserer Arbeit etwas erreichen. Wir wissen wie schwer es werden kann, sich zu schützen vor denen, die etwas abhaben wollen, was ihnen nicht unbedingt gehören muss.
Herr unser Gott, wir gedenken dem Leben des Professors Norbert M. Seel zwischen seinen und unseren Träumen nach Heimat, nach Gesetz, nach Wahrung von Menschenrechten, nach Wahrung von Geburtsrechten und im Begreifen der Unterschiede in den Rechtsformen der Völker.
Herr unser Gott, lehre uns mit Hoffnung, Zuversicht und im Erkennen von Schuld zu leben.

Amen

Nach Hause statt zum Krieg

Gerechter Gott wir bitten um Frieden.
Herr unser Gott, wir werden in eine Welt geboren, die wir selten ganz oder nach unseren Wünschen gestalten können. Wir müssen diese Welt annehmen in Reichtum und Armut, in Freude und Leid. Wir wissen um menschliche Möglichkeit des Versagens. **Nach Hause statt zum Krieg?** Ich würde mir das wünschen. Mein Zuhause ist mehr als 1000 km weit weg. Die fünfzig Jahre der Arbeit in Deutschland sind vergangen. Ich kann mir einen Umzug nicht leisten. Das Geld, welches mir meine Eltern schicken wollten und die Regierung ihres Landes, kam bei mir nicht an. Was ist daraus geworden, frage ich heute. Seit Menschengedenken entstanden daraus die Kriege.

Herr unser Gott, hilf uns, alles Leben würdig zu gestalten in Frieden und in der Ahnung von Kriegen.

Amen

Lebensgrundlagen schonen

Gerechter Gott, ich bitte um Frieden.
Herr unser Gott, ich bin reich, ich konnte studieren, mir ist es gelungen meinen Arbeitsplatz selber zu gestalten, zu erhalten und zu beschützen. Ich gebe zu, in Herkunft, Familie und Bildung privilegiert zu sein.
Herr unser Gott, hilf meinen Mitmenschen, dass sie erkennen, dass sie nicht schadlos in andere Familien eindringen können oder da wildern. Herr unser Gott, lass alle die Notwendigkeit dieser Strenge begreifen ganz besonders in meinem eigenen Leben.

Amen

Kein Untergang

Our Lord, our world became larger without the German wall around the East part of Germany.
Herr unser Gott, unsere Welt wurde größer ohne die Mauer um Ostdeutschland. Our Lord, there can be such a lot of mistakes in understanding in different languages.
Herr unser Gott, es können solch eine Menge von Fehlern sein in der Verständigung zwischen verschiedenen Sprachen.
Make us powerful to see this. Stärke uns, das zuzugeben.

Amen

Wer ist die Kommende

Gerechter Gott, mein Leben wurde bestimmt durch die Folgen des zweiten Weltkrieges und der Öffnung deutscher Konzentrationslager von einer Armee unter dem Befehl meines Großvaters König Georg VI. Immer und immer wieder brechen heute Streitigkeiten zwischen Christen und Juden, zwischen Christen und Roten und zu den anderen Religionen aus. **Herr unser Gott,** ich bin davon betroffen in der Forderung nach Frieden, nach Toleranz und zu genügend Abstand untereinander.
Gerechter Gott hilf, dass Frieden bleibt.

Amen

Egal, aus welchem Volk

Herr unser Gott, von denen die die Unterlagen der Stasi anlegten und von denen, die die Unterlagen der Stasi öffneten wurden in Deutschland politische Verbrechen begangen nach dem Fall der Mauer. Es ging dabei um Geld, politische Macht und nationalsozialistisch deutsche Vorherrschaft über andere Länder. Viele erschaudern wie ich über die Brutalität deutschen Zusammenlebens. Wir wissen, dass aus den vielen Forderungen und dem häufigen Versagen die Kriege erwachsen. „Egal, aus welchem Land“ bleibt nichts, wenn wir wissen, dass sich an Herkunft Rechte knüpfen können.
Gerechter Gott, wir bitten um Frieden.

Amen

Fremdheit und Nähe

Herr unser Gott, wir bitten um Frieden. Geboren als Kind in der Familie eines Königs Seiner Majestät König George VI. also von einer Prinzessin und ihrem Gemahl in unvorstellbarem Reichtum wurde ich in den Folgen des zweiten Weltkrieges Soldat im Alter von etwa zwei oder drei Jahren und in Verträgen zwischen den Regierungen der damals Krieg führenden Länder für fünfzig Jahren nach Deutschland geschickt. Ich konnte alle meine Aufgaben erfüllen und in meiner Heimat und in der deutschen Regierung abrechnen. In der Frage, ob das Eingreifen meines Großvaters in den zweiten Weltkrieg gerechtfertigt war, bewundere ich seinen Mut dem Morden in deutschen Konzentrationslagern mit gleichen Mitteln ein Ende zu setzen. Voll Ehrfurcht stehe ich vor dem Leben meines Großvaters König George VI. in einer so komplizierten Entscheidung.
Herr unser Gott, tief in meiner Seele, danke ich dir dafür.

Amen

Gott gnadenlos

Gerechter Gott, wir bitten um Frieden.
Segne all diejenigen, die den Mut haben, unsere Erde zu verlassen und auf Raumstationen und bei der Suche nach neuen Lebensräumen ihren Dienst zu beginnen. Lass sie in tiefer Verbundenheit mit unserer Erde bleiben, auch wenn ihr Leben unvorstellbar hart wird oder sie sterben. Lass Menschen in genügendem Anstand auf Wissenschaftlichkeit solcher Forschungen achten und lasse Ungebildete mit Demut davor schweigen.

Herr unser Gott, weise du uns unseren Platz in unserer Welt an und lasse uns den annehmen. Wissend um zukünftige mögliche Gefahren bitten wir um Frieden.

Amen

Was ein Mensch zum Leben braucht

Gerechter Gott, wir bitten um Frieden.
Solange unsere Erde besteht werden in den Menschen die Hoffnung und die Sehnsucht leben nach Freiheit, Heimat und Recht. Mit dem Wissen um die technischen Leistungen der Menschen entstanden unsere Häuser, die Schlösser und unsere Kirchen.
Herr unser Gott, lehre uns Demut im Umgang mit unserer Erde und ihren Rohstoffen.
Gerechter Gott, wir bitten um Frieden.

Amen

Foto der Autorin als Freiberuflerin

Über Weltanschauung

Im Wechsel der Zeiten und der Gesellschaftsformen ändern sich die Ideologien der Staatsformen. Dabei treten oft solche Schwierigkeiten auf, die zu den großen Kriegen führten.
Das erstrebte Bild einer einheitlichen Gesellschaftsordnung werden nie alle mittragen. Die Staatsform sollte sich nach der Mehrheit derer richten, die in einem Land wahlberechtigt sind. Deswegen sind Glaube, Religion oder einfach Weltanschauung immer vom Einzelnen und seiner gesellschaftlichen Stellung bestimmt für sich und sein Umfeld. In den folgenden Gebeten stelle ich das an zwei Beispielen ganz privat für mich vor. In so eine private Sicht von Weltanschauung für sich muss jeder kommen in unserer Zeit. Für mich orientiert sich die gesellschaftliche Sicht an christlichem Glauben, was sich mitunter an den Arbeiten deutscher Kirchen stößt.

Gebete für Frieden

Vom Gebiet der früheren DDR aus und nach dem Fall der Mauer als Schutz und Grenze von Freiheit

Herr unser Gott

Unsere Länder liegen mitten in Europa. Wir bitten dich um Beistand und Führung für die Menschen, deren bedeutende Leistungen in Europa von Königinnen und Königen entdeckt werden. Das gilt etwa für die Verleihung des Friedensnobelpreises an eine iranische Frau oder auch für die Leistungen von Menschen in unserem Landkreis Löbau / Zittau.

Herr hilf, dass solche Leute in proletarischen, gewaltbereiten Gesellschaften nicht an den Rand gedrückt werden, sondern ihre Leistungen und Verdienste zeigen dürfen in Wahrung von Frieden.

Amen

Kirche in Chemnitz am Friedhof zu den Gräbern des Ehepaars Friedrich und Hanna Ebert von 1998 bis ca. 2020.

Herr unser Gott
Manche bezeichnen Deutschland als eine demokratische Gesellschaft. Wir bitten dich, dass Menschen in Deutschland lernen, mit den Grundrechten der Meinungsfreiheit, der Pressefreiheit und der Versammlungsfreiheit umzugehen aus der Verantwortung für gesellschaftlichen Frieden heraus. Wir bitten, das jeder lernt, seine eigenen Wünsche nach Reichtum und Macht zurück zu stellen, so wie ich das fünfzig Jahre lang in Deutschland üben musste in Wahrung von Frieden.

Amen

Herr unser Gott
Wir gedenken dem Leben Jesu. Jesus hatte zwölf Jünger. Viel Volk scherte sich streitend um ihn. Man stritt um Essen, Anerkennung und Nähe.
Ist das nicht wie heute in Zittau, wenn jemand einen Arbeitsplatz schaffen will und man streitet, wer ihn bekommt? Wirbt man nicht so um Massenbewegungen?
Herr unser Gott hilf, dass wir am Leben Jesu Wege in Demut und Frieden abstecken.

Amen

Herr unser Gott
Wir leiden unter der Arbeit deutscher Kirchen.
Our father, we suffer under the work of German churches.
Die Arbeit wurde gegründet auf der Sehnsucht von Reichtum und Macht.
The work was based on the yearning for abundance and power.

Herr unser Gott hilf. dass Frieden bleibt auch in der Zukunft zwischen dem Land meiner Herkunft und dem meines Aufenthaltes.
Our Lord God help, that there will be peace also in the future between the country of my birth and the country, in which I stay in this time.

Amen

Bescheidener Verkauf der eigenen Veröffentlichungen der Autorin

Gebete aus meinem privaten Glauben heraus

Erstes Gebet

Herr unser Gott, wir danken dir für die großen Leistungen, die möglich werden in der Freiheit, die ohne Vorgabe von Ideologie entsteht. Wir wissen aber wie bedroht diese Grundfreiheiten sind, durch das Streben nach Macht und durch die, deren Möglichkeiten begrenzt bleiben durch soziale Herkunft, durch fehlende materielle Mittel für Bildung und durch das Hauptproblem unserer Zeit: die Geldeinteilung. **Herr unser Gott**: Wir bitten dich, bewahre unsere Gesellschaft vor moralischem Verfall.

Amen

Zweites Gebet

Herr unser Gott, auch wenn Kirchenfürsten, Päpste, Parteifunktionäre alle Post und alle Informationen abfangen lassen, die mich erreichen müssten, weiß ich, dass ich als dieses zweite Kind Ihrer Majestät Königin Elisabeth II. Aufgaben, Rechte und Pflichten habe, an und mit denen ich arbeiten muss.
Jeder erkennt heute in Deutschland, dass im Streben nach Reichtum und Macht des Landkreises Löbau / Zittau Verbrechen um meine Herkunft begangen wurden. An denen man nach dem Fall der Mauer die neuen Rechte für ein friedliches Europa lernen muss.

Gerechter Gott, schränke all diese Verbrecher so ein, dass dabei ich gehört werde als Kind, welches nach deinen Geboten seine Eltern liebt, so wie du das gelehrt hast mit: Ich bin der Herr dein Gott. Du sollst Vater und Mutter ehren, auf dass es dir wohl ergeht und du lange lebst auf Erden.

Amen

Drittes Gebet

Herr unser Gott, lehre diejenigen Schweigen, die hinter ihren Reden ungerechtfertigtes Machtstreben verstecken. Damit ich gemäß deinem Gebot gehört werde mit: Ich bin der Herr dein Gott, du sollst nicht falsch Zeugnis reden wider deinem Nächsten.
Gerechter Gott, du stärkst und richtest. Du lehrst: Wir sollen nicht begehren unseres Nächsten Haus, Knecht, Magd, Vieh und alles was sein ist. Heute gehören dazu meine Urheberrechte, Datenträger und Disketten. Hilf, dass in Deutschland solche Urheberrechte wirklich vom Urheber verwaltet werden können und nationalsozialistische Parteien nicht an meinen Urheberrechten Ihre Ideologie bauen können. Gerechter Gott, darum bitten wir dich in Wahrung von Frieden.

Amen

Frieden riskieren

Gebete zur ökumenischen Friedensdekade vom 9. bis 19. November 2008 in Zittau

Die folgenden Gebete für die Friedensdekade 2008 entstanden streng nach den Veröffentlichungsvorgaben der Kirchenämter deutscher Kirchen. Sie konnten wegen der Vorstellungen der Pastorin und anderer Kirchvorsteher oder Gemeindeglieder „vom sich durchsetzen müssen“ schon nicht mehr gehalten werden, da sie die Probleme der Kirche aus meiner privaten Sicht heraus ansprechen.
Die Gebete erschienen aber unter der Registrierung im Eigenverlag Regina Ebert Rausch, mit dem ich mich unter Anleitung des Arbeitsamtes selbständig gemacht hatte und der inzwischen eine eigene Betriebsnummer 94 78 14 00 hat. Im Streben nach Beamtentum der Pfarrer der evangelischen Kirchen in Ostdeutschland wurde das Mitspracherecht für mich als Elisabeth III. abgebaut.
Das Recht auf Meinungsfreiheit aber bleibt.

Gespräch riskieren

Gerechter Gott, geboren als Enkel in der Familie eines Königs kann ich Königin werden.
Den Fummel von Designermoden kannten wir Kinder damals nicht. Man hatte Unterricht von morgens bis abends und mein Puppenhaus kann man in der Burg von Windsor ansehen. Später in der Familie Ebert war mein Puppenhaus kleiner. Das Lernen und Arbeiten war geblieben.

Herr unser Gott, wohin willst du heutige Gesellschaften führen in den Vorstellungen von Luxus, in der fehlenden Bereitschaft zu wirklicher Arbeit, in immer wieder nötigem Lernen und im Abgeben und Teilen?

Amen

Liebe riskieren

Herr unser Gott, wir beten im freien Europa für Polen, Tschechen und Deutsche in diesem Dreiländereck um Zittau und für alle Ausländer, Durchreisende und Gäste:

Our Lord, who art in heaven,
hallowed be thy name.
Thy kingdom come.
Thy will be done on earth as it is in heaven.
Give us this day our daily bread, and forgive us our trespasses,
as we forgive those who trespass against us,
and lead us not in to temptation,
but deliver us from evil
For the kingdom, the power, and the glory are yours,
now and for ever.

Amen

Gefahr abwenden

Gerechter Gott, wir bitten um Frieden. Nach dem Fall der Mauer sind in Auseinandersetzungen mit jüdischen und islamischen Lebensformen viele gescheitert.
Da wollte ein Pfarrer standhaft bleiben in seiner Ehe und der sexuellen Gier einer Frau nicht nachgeben beim Einführen der sexuellen Freiheit der Könige für das gemeine Volk und diese Frau hat die beiden hinterrücks

erschossen aus verletzter Eitelkeit heraus. Da hat der Vater in gehobener Dienststellung in Zittau nie ausreichend Geld nach Hause gebracht, sondern es mit vielen leichten Frauen geteilt. In einer besseren Stelle würde das vielleicht besser. Und für so eine Arbeitsstelle soll morden lohnen? In den vielen Morden und Gewalttaten unserer Nachwendezeit mahnen wir zu Frieden.
Herr unser Gott, lass uns gemeinsam nachdenken über den Sinn von Datenschutz und die Notwendigkeit im Aufklären für das Verstehen von zukünftigen gesellschaftlichen Entwicklungen und von Politik.
Wir alle gemeinsam bekennen Schuld.

Amen

Autorenfoto gedenkend an Belfast

In Sicherheit leben

Gerechter Gott, wir fragen dich: Wird so Frieden bleiben?
Im Gemeindeblatt der Zittauer Kirchen steht: Gemeinde ist, wenn man das Leben gemeinsam gestaltet.
Für mich ist es das nicht.
Ich beginne am Morgen mit meiner Arbeit und das notfalls jeden Tag der Woche. Gemeinde ist für mich, wenn mich christlicher Glaube von Sonntag zu Sonntag begleiten darf und ich für alle meine Arbeiten ungestört bin.
Ich war fünfundzwanzig Jahre verheiratet. In eben dieser Gemeinde, die das schreibt, hat mein Ehemann zu viel Zeit mit einer anderen Frau verbracht und sich später für sie scheiden lassen.

- Gemeinsam Leben gestalten will die Mitarbeiterin in der Gemeinde, die ihre Kinder gerne los werden will und bei mir unterbringen.
- Gemeinsam gestalten will die junge Frau neben mir, die es nicht nötig haben will, ihre Wohnung selber zu putzen.
- Gemeinsam gestalten will all dieses Volk, welches beteiligt war am verscheuern meiner Geburtsurkunde und all der Dinge, die meine Karriere weniger hart gestalten sollten.

Herr unser Gott, kann das Gemeinde sein, wenn man am Leid anderer verdienen will?
Gerechter Gott, wir bitten um Frieden.

Amen

Heil folgt der Spur seiner Schritte

Bald wird der 14. November. Das ist der eigentliche Geburtstag des Prince Charles, Philip. Arthur, George. Er wäre an diesem Tag 60 Jahre alt geworden.

Herr unser Gott, wir gedenken dem Leben eines Professors der Universität Dresden. Wir erkennen seine außergewöhnlichen Leistungen und die immer gegenwärtige Gefahr seiner Neider. Für eine bessere Stelle an einer Universität würde heute im Osten so mancher morden. Das Wissen und die Ideen dieses Professors, seine Vorschläge, seine Hoffnungen und Ziele tragen weiter noch über meine Generation hinaus in eine friedliche Zukunft für unser freies Europa. In seiner letzten Wirkungsstätte – der Universität von Dresden - fanden meine Kinder für die Studienzeit Heimat. Sie fanden Ziele zum Weiterbauen und für den Erhalt unserer Gesellschaft und dieser unserer Zivilisationsform.
Ohne die brutale Ermordung durch Kirchenglieder der Zittauer Kirche wäre er heute im Vereinten Königreich von Großbritannien und Nordirland unter dem Namen seines Vaters König. Er wäre König Philip I. geworden.
Herr unser Gott, wir bitten um Vergebung für solche Schuld und um Strafe für die Mörder. Wir wissen, dass im Fall der Mauer der Wille für eine bessere Gesellschaft scheiterte. Eine Gesellschaft nach denen, die demonstrierten ist für alle unvorstellbar geworden.
Gerechter Gott, wir bitten um Kraft und Stärkung dafür, die Wahrheit zugeben zu dürfen.

Amen

Welt der Hüte

Gott wagt manchmal Frieden mit uns

Gerechter Gott, wir bitten um Frieden.

Als ich ein Kind war, da habe ich noch gelernt, dass Fruchtbarkeit ein Geschenk ist. Ich war meinen Eltern geschenkt.

Heute in der Zunahme der Bevölkerung setzt dieses Denken schon Grenzen.

In den traditionellen Einwanderungsländern wie Amerika oder dem Vereinten Königreich beginnt der Streit um Essen. In Ländern wie Russland oder Polen, die Einwanderung schlecht zulassen, werden die unbestellten Felder immer mehr.

Wie ist das, wenn die einen abhaben wollen und die anderen wüsten? Wie ist das, wenn manche Hilfe Annehmen als Beleidigung sehen sollen?

Herr unser Gott hilf, dass in diesen neuen Problemen unserer Zeit Menschen Wege in Frieden finden.

Amen

Auf die falsche Karte gesetzt

Herr unser Gott, wir leben in einem Land mit solchem Reichtum, der kaum größer sein kann. Die deutsche Regierung hat sich dabei furchtbar verschuldet. Ich als alleinstehende Frau bewohne unabhängig und berufstätig eine kleine Wohnung mit immer ausreichendem Wasser und warmer Heizung. Ich fahre ein Auto.
Für das, was ich arbeiten durfte im Fall der Mauer, morden andere oft immer wieder. Sie wenden dabei Gewalt an und schaffen es trotzdem nicht, so zu leben.
Gerechter Gott, schenke allen Menschen Einsehen in ihre Grenzen und das Erkennen dazu, dass es eine feste Rechtsordnung gibt. Grundlage allen Arbeitens muss eine ausreichende Bildung bleiben, die man an anderen schwer erkennt.
Gerechter Gott, wir bitten um inneren Frieden.

Amen

Zivilcourage

Herr unser Gott, wir danken dir für die vielen Möglichkeiten, uns zu deiner Ehre zu versammeln überall in Europa.
Wir danken dir für Arbeit, Freizeit, Kultur, Reichtum und Frieden.
Gerechter Gott, hilf uns das Wissen, um die immer größer werdenden Unterschiede zu ertragen.
Was sage ich meinem Sohn, wenn der Luft – und Raumfahrt studiert und über eine neue Erde nachdenkt?

Soll ich ihm sagen, wie gefährlich das werden kann?
Soll ich zugeben, dass wir auch nach meinen Kenntnissen eine neue Erde brauchen werden vielleicht in Millionen Jahren, vielleicht morgen?
Gerechter Gott, lass uns in all den Problemen auch in Zukunft auf dein beständiges Wirken vertrauen.

Amen

Unrecht ansprechen

Gerechter Gott, wir können die großen Unterschiede zwischen dem Leben der einzelnen Personen in unseren Gemeinden nicht mehr verbergen.
Da hilft weder Geld noch falsches Reden.
Wir wissen alle, wir sind einzig vor dir, Herr unser Gott.
Wir geben zu, wir wollen das bleiben.
Wir wissen, wie schwer das sein kann, für Leute, die wir von früher manchmal sahen oder gelegentlich trafen. Wir wissen, wie schwer das sein kann etwa für Kollegen, wenn da jemand arbeitslos wurde.
Bestärke auch heute Leute im Weg des Lernens und der Wahrung von Rechten, damit Frieden bleibt auch in Zukunft.
Herr unser Gott, „bleibe bei uns alle Tage, bis an der Welt Ende“
Daran wollen wir glauben.

Amen

Bergkirche Ogbin etwa 2018

Tilgung der Feindschaft

Herr unser Gott, ich bin es, der fünfzig Jahre in einem fremden Land aufwachsen und leben musste zur Tilgung von Kriegsschuld, zur Wahrung von Frieden und zum Lernen voneinander. Irgendwann als Kind bekam ich dabei einen anderen Namen. Niemand kannte mich und ich nicht die Sprache des Landes. Ich habe meine Aufgaben dabei perfekt erfüllt. Es ist Frieden geblieben zwischen dem Land meiner Herkunft und Deutschland. Im Lernen der Sprache des Landes meiner Herkunft konnte ich es bis zur Autorin bringen in meiner ersten Fremdsprache. Solche Leistungen machen beliebt und verhasst. Das Lied „Jesus geh voran" war mir dabei Begleiter seit der Zeit der Christenlehre und Konfirmation an. Ich gebe zu, dass es auch Verluste dabei gab. Die

Ermordung meines Bruders traf wohl meine Eltern am härtesten und mich. Die ältere Schwester meiner Mutter verstarb im Alter von etwa sechsundsiebzig Jahren, schon bevor sie ihre Schwester je treffen konnte.
Gerechter Gott. lass uns den Versuch wagen, in Frieden weiter zu ziehen.

Amen

Frieden zwischen Todfeinden

Herr unser Gott, wir wissen, dass es den Frieden zwischen Todfeinden nie geben wird.
Mord verjährt nicht unter fünfzig Jahren und die Kriege werden bleiben.
In allen Religionen will man heute kämpfen.
Mit immer mehr gezeugtem Leben wachsen immer neue Probleme.
Lass uns Herr Nachdenken über Geburtenkontrolle und Klimawandel.
Hilf uns unser Leben gewaltarm zu ertragen und bereit sein uns zu verteidigen, wenn das Plündern in privaten Wohnungen überhand nimmt.
Lass uns lernen, dass man fragen muss, was der andere will.
Lass uns lernen, das Leben zu ertragen, auch wenn nicht alle Wünsche erfüllbar sein werden oder es noch schlimmer kommt und kaum ein Wunsch unserer vielen Träume wahr wird. Lass uns Leidensfähigkeit lehren oder vorleben und nimm uns zu dir, wenn unsere Kraft endet. Darum, Herr unser Gott, wollen wir dich bitten.

Amen

Gräber in Chemnitz für 20 Jahre von 1998-2020

Nachdenken über Moral, Verantwortung und Schuld

In jenen Ländern Westeuropas, die heute noch Königreiche sind und das auch bleiben dürfen, ist eine der wichtigsten Aufgaben der Königinnen und Könige die Vorherrschaft über die Kirchen und alle zugelassenen Religionsgemeinschaften. In ihren Reden, Gebeten oder Briefen geben sie dabei ihre Meinung kund. Mit den folgenden Gebeten, die in Thronfolge zu Ihrer Majestät Königin Elisabeth II. entstanden und die zum großen Teil in deutschen Kirchen gehalten wurden, möchte ich anregen über Moral, Verantwortung und Schuld neu nachzudenken. Wenn alle Religionen das Töten als nötig empfinden, dann entstehen daraus die neuen Kriege. Alle Diskussion über die folgenden Gebete soll aber den Frieden fördern, der in Europa so lange Bestand hatte, dass er für alle furchtbar anziehend wurde. Grundlage für ein friedvolles Miteinander bleiben nämlich immer und in allen Religionen die Zehn Gebote, die selbst in der DDR als Pioniergebote gelehrt wurden.

Erstes Gebet

Herr unser Gott, du lehrst, das christliches Leben aus Arbeiten und Beten besteht. Wir wissen, wie schwer das heute geworden ist für alle die, die unter dem Wegfall des Rechtes auf Arbeit aus der DDR – Zeit leiden. Gerechter Gott, wir bitten dich: Hilf jedem Einzelnen, dass er eine für sein Leben mögliche Orientierung findet, um Arbeiten und Beten für sich zu realisieren.

Amen

Zweites Gebet

Herr unser Gott, wir fühlen uns bedroht
- von Leuten, die glauben, alles besser zu wissen;
- von Leuten, die Gewalt anwenden;
- von allen, die glauben, sich durchsetzen zu müssen;
- von Leuten, die eine einheitliche Ideologie fordern.

Gerechter Gott, wir bitten dich: Stärke all diejenigen, die geltendes Recht wahren wollen.

Amen

Drittes Gebet

Herr unser Gott, hilf, dass Leute wie ich sich auch in Zukunft schützen können, vor Leuten, die glauben das Leben anderer bestimmen zu müssen oder die einfach deinen Weg mit meinem Leben verhindern wollen. Sie werden dabei zu Verbrechern im Abfangen, Nutzen und Unterschlagen von Post, im Erbeuten von Handys oder Nachschlüsseln sowie zu Verbrechern bei unfreiwilligen Abtransporten in medizinische Einrichtungen.
Gerechter Gott, hilf, dass erinnernd an die Zeit um den Zweiten Weltkrieg solche Zustände in Deutschland nicht wieder entstehen können.

Amen

Eröffnung der Friedensdekade in der katholischen Marienkirche zum Gedenken an die Schuld der Judenverfolgung

Viertes Gebet

Herr unser Gott, in deinen Geboten lernen wir: Du sollst nicht töten. In Deutschland hören wir täglich von Gewalt, von Morden und Totschlag. Man hilft beim Sterben nach. Niemand kann solche Schuld vorher verhindern.
Gerechter Gott, wir bitten um mehr Toleranz, für ein vernünftiges Maß zwischen Verantwortung und Unabhängigkeit und für das Erkennen von Grenzen.

Amen

Herr unser Gott,
in deinen Geboten lernen wir: Du sollst nicht töten. Aber wir wissen, dass viele Waffen der Armee der DDR nach dem Fall der Mauer und der politischen Wende von Deutschland verkauft wurden auch für den Reichtum von Kirchen. All diese Waffen töten heute irgendwo auf unserer Erde.
Gerechter Gott, wir bitten dich: Lass uns unsere Schuld bekennen, die in der Sehnsucht nach schnellem Reichtum entstand.

Amen

Fünftes Gebet

Herr unser Gott, in deiner Kirche predigen geschiedene Frauen als Pastorinnen. Pfarrer zeugen uneheliche Kinder und sind mit ihren Familienproblemen beschäftigt. Sie predigen dabei: Du sollst nicht ehebrechen. Du sollst nicht falsch Zeugnis reden wider deinen Nächsten. Sie werden dabei unglaubwürdig und schaden dem Ansehen deiner Kirche. Gerechter Gott, wie lange sollen sich das Leute wie ich noch gefallen lassen?

Amen

Sechstes Gebet

Herr unser Gott, in Einklang mit dir habe ich diesen Weg in Thronfolge zu Ihrer Majestät Königin Elisabeth II. gewählt, wissend um die Probleme zwischen Juden und Christen, von Religionen und Religionslosen und bei der Entscheidung in den militärischen Fragen zwischen Krieg und Frieden.
Gerechter Gott, ich bitte dich: Stärke mich dabei und schenke all denen Frieden, die in Gedanken voller Neid, Rache und Hass zuschauen mussten und zuschauen müssen.

Amen

Siebendes Gebet

Herr unser Gott, lass uns die Gefahren aller Nachfolge bedenken, damit wir leben lernen in deinem Reich.

Amen

Friedensdekade 2009 in Zittau

Das Foto zeigt eine Kirche im Süden Englands – die Stadtkirche von Dover. Das ist eine Gemeinde, die im Öffnen der Unterlagen der Staatssicherheit der DDR durch Eggert, Alisch und Co. das Geld zusammen legen mussten für deren gierige Forderungen. Später konnte diese Gemeinde ihre eigenen Rechnungen nicht mehr bezahlen und musste verkaufen an einen, der Wohnungen in Gotteshäuser bauen will zum Abschaffen von Religion oder eben an einen Spekulanten für Bauland. In den Umbauarbeiten brannte die Kirche ab.

Sieht so der Frieden deutscher Kirchen aus, dass man sich freut, dass die einen die Türme vergolden und die anderen den Schaden haben ?
Hat nicht so der zweite Weltkrieg begonnen ?
Und das wollen Christen gewesen sein ?
Aus meiner Erfahrung nach dem Fall der Mauer sind deutsche Kirchen so überheblich, rassistisch geworden.

Mauern überwinden

Gebete zu den von deutschen Kirchen vorgegebenen Themen der Friedensdekade im Jahre 2009 in Zittau

Wegen der Probleme im Bildungsniveau deutscher Kirchen, den sozialen Problemen im Jubel der Einheit der Deutschen und im völlig falschen Umgang mit dem Recht auf Meinungsfreiheit in Deutschland entfiel selbst der Versuch, die vorbereiteten Gebete vollständig zu halten.

Sei vorsichtig, worum du betest – du könntest es erhalten

Ich bin vorsichtig und ich bete. Mir ist das noch nicht passiert, dass ich erhalte, worum ich dich bitte, **Herr unser Gott.** Für mich ist Beten ringen um einen gangbaren Weg in göttlicher Zusage „...du wirst auch Wege finden, da dein Fuß gehen kann“. Ich bin ganz sicher, das worum ich bitte, das möchte ich auch erhalten. Vergib mir Herr, meine Bitten könnten ein wenig unverschämt sein.

Amen

Zivilcourage zeigen

Herr unser Gott, wir bitten um Frieden. Wie schwach der Mensch ist, wenn er Frieden bauen soll? Sieht man da Leistung, Stärke, Können und Mut? Sich einmischen kann einem das Leben kosten, sagt unsere deutsche Nachwendeerfahrung. Das war immer so und das wird immer so sein.

Herr unser Gott, im Sterben nimmst du Christen in dein Reich auf.
Lass uns fest darauf vertrauen, wenn wir uns einmischen. Schenke uns Kraft und Mut, deine Gebote zu lehren und durchzusetzen. Frieden hängt mit Strenge zusammen, mit Einhalten von Rechten, Vorrechten und Geboten.
Das gilt im Straßenverkehr und im alltäglichen Umgang mit Menschen. Lass uns daran nicht verzweifeln, wenn das Wahren von Rechten viel zu wenigen Mitmenschen gelingt.

Amen

Gefängnistore öffnen

Mein Bruder war in seiner Arbeit furchtbar bedeutend. Im Fall der Mauer, den wir heute bejubeln als Schritt in die Freiheit, wechselte er in seiner Arbeit aus dem Westteil Deutschlands an die Universität Dresden. Ein Professor einer dem Bildungssystem des Westens angeglichenen Universität verdient sehr viel Geld. Arbeitsstellen an Universitäten gelten nach Studienabschlüssen als erstrebenswert.
Man kämpft um solche Arbeitsstellen und in der Gier so mancher Juden und Christen wird Mord heute nicht mehr ausgeschlossen. Mein Bruder fiel dem zum Opfer **und sein Mörder bekam nach zehn Jahren beim Öffnen von Gefängnistoren seine Freiheit zurück.**
Wenn ich in der Kirche sitze, wo dieser Mörder sein möchte, da fürchte ich mich. Ich könnte sein nächstes Opfer werden.

Herr unser Gott, wenn doch Gefängnisse für solche gierige Mörder geschlossen blieben.
Wie sollte ich leben in meinen Vorstellungen von Frieden mit dem Messer des Mörders notfalls im Rücken in jedem Gottesdienst deiner Kirche?
Wie sollte ich damit leben, wenn ich nicht sagen sollte: Das ist der Mörder meines Bruders. Mein Bruder fehlt meinen Kindern und mir furchtbar.
Herr unser Gott, wie bekämpft man die Kriminalität in Deutschland im Jubel der Einheit, um nicht immer wieder Opfer zu werden?

Amen

Festung Europa – sterben an den Außengrenzen

Europa ist nach der langen Zeit von Frieden sehr reich geworden. Es gibt kaum Naturkatastrophen mit Menschenleben als Opfer. Fast alle Länder haben gelernt, Arbeitskräfte aus Baubereichen unterzubringen in anderen Fachrichtungen wie der Landwirtschaft, dem Gartenbau oder auf Höfen der Lebenshilfe.
Aufnehmen könnte man schon. Aber ist die Furcht davor nicht auch begründet? In einer Fernsehsendung aus London las ich „Der Islam will unsere Welt führen“ auf dem Plakat einer Demonstration. Ich bin Christin.
In meinen Lebensgewohnheiten bin ich furchtbar streng. Ich bin gewohnt, hart zu arbeiten und in meinem kleinen Unternehmen mich als Mann durchzusetzen. Gerne sitze ich bei einem Glas Wein und einem guten Essen in einer Kneipe zum Abendbrot. Aufnehmen in Europa würde bedeuten, dass man sich auch Fremden öffnen müsste.

Würde mir der Wein in der Kneipe bleiben als in erster Ehe geschiedener Frau?
Gerechter Gott, hilf uns allen, Toleranz zu üben für Frieden in unseren Gesellschaften.

Amen

Unsichtbare Mauern in mir und außerhalb von mir

Europa ist reich, furchtbar interessant und schön. Ich bin Kind einer Königin und an freies Leben gewöhnt. Wie sollte ich ohne Mauern in mir und um die Schätze meiner Familie leben in unserem von Vorurteilen und wachsender Kriminalität geprägten Europa?
Gerechter Gott, bewahre uns Mauern zum Leben und als Schutz vor dem Hass unserer Neider.

Amen

Die zwei Seiten einer Mauer

Als ich 1954 nach Deutschland kam, da wurde ich Straßenkind. Ich hatte keine Eltern bei mir und musste mich mit dem Taschengeld und einer kleinen Pistole als Waffe für Kinder um mich selber kümmern. Es gab für mich über Jahre keine Schule. Als man die Mauer baute, da war ich in der DDR. Für mich begann 1962 die Schulzeit in einer Gastfamilie. Irgendwie musste die Mauer schön sein, wenn man plötzlich ein weiches sauberes Bett hat, immer ausreichend zu essen und wenn die Schule beginnt.
Später war für mich die Frage, was der Abbau der Mauer bringt, bei dem man so gesichert nicht mehr sein

wird. Und ich frage mich wirklich zwischen den Vereinen come back, Tankstelle, Tafel und Suppenküche, was mir Leute erzählt hätten, wenn wir das gehabt hätten in der DDR.
So begann da lamentieren bei Reisefreiheit, Abitur und Studienplätzen.
Die zwei Seiten einer Mauer muss man wirklich neu bedenken heute und immer wieder. Herr unser Gott, hilf uns dabei.

Amen

Splitter und Balken – Mauer im Kopf

Herr unser Gott, schützen mich nicht die Mauern im Kopf davor, so wenig bedeutungslos zu sein wie der Rest der Zittauer?
Vergib mir Herr, wenn ich das nicht anders sehen kann.

Amen

Autorenfoto etwa 2005

Teilhabe an Reichtum und Gerechtigkeit

Wie organisiert man das, ohne kriminell zu sein? Wenn ich solche Kirchen und Häuser hätte wie Pfarrer... Was, wenn nicht einmal der private Bereich von 34 Quadratmetern Wohnraum bleiben soll oder wenn Renten so niedrig sind, dass die Wohnungen nicht bleiben?
Was machen Christen, wenn die Frauen der Juden betteln und kostenfrei bei Hausbesitzern wohnen wollen als arme Juden und dann als Huren anschaffen?
Gerechter Gott, bewahre unsere Gesellschaften vor solchem Verfall.

Amen

Mauern haben keine Zukunft

Das Unternehmen, mit dem ich mein Geld verdiene, ist furchtbar klein. Es braucht keinen Lagerraum außer den Kofferraum meines Autos, aber selbst da wird aufgebrochen. Mauern haben keine Zukunft?
Ich denke, man braucht mehr Mauern heute etwa um jeden bewachten Betrieb in den neuen Industriegebieten. Würden solche Betriebe die Waren je auf den Markt bringen ohne die Zäune und Mauern um sie?
Hinter der Mauer der DDR war Mord seltener, als man das heute liest und erfährt etwa über Zeitungen und aus dem Fernsehen. Aber welcher Pfarrer kennt die Sorgen der Unternehmer in den Industriegebieten. Wer kommt da wirklich hin?
Herr unser Gott, lass uns mit solchen Feststellungen „Mauern haben keine Zukunft“ vorsichtig sein.

Amen

Burg von Dover

Mauern fallen still und leise, wenn wir uns begegnen

Für mich ist das ein völliger Irrtum, dass es so etwas gibt. Für mich würden Mauern fallen, wenn man in Deutschland nicht lügen würde. Für mich würden Mauern fallen, wenn das Wichtige, Wahre in Zeitungen stehen würde und man nicht bloß mit Lesen beschäftigen und verdummen wollte.

Gerechter Gott, lass uns Wege aus solchen Krisen finden.

Amen

Mauergedanken

Geboren hinter einer Mauer um eine große Burg in der Familie König George VI. durfte ich heraus schauen und frei leben. Später umgab mich die Mauer der DDR.
Danach gab es die Hausdurchsuchungen der Parteien, das Wühlen, ob ich meine Herkunft kennen könnte oder ob man in Deutschland beliebig betrügen kann beim Aufklären in solchen Fragen und beim Erpressen von Geldern.
Wenn ich hinter der Mauer meiner Burg leben dürfte vertrauend mit meiner Familie, würde man mich nicht ausschließlich mit Neid belegen?
Gerechter Gott, zeige mir einen Weg, den ich gehen kann bis in deine göttliche Ewigkeit.

Amen

Autorenfoto in Repräsentation

Gebete zur Friedensdekade 2010

In der Zeit der Friedensdekade 2010 hat sich die Autorin aufgemacht in das Vereinte Königreich von Großbritannien und Nordirland. Es ist Herbst. Die Autorin beginnt ihre Herbstreise am 6. 11. 2010. Sie besucht die Burg von Dover recht traurig. Im Jahre 2004 hat man sie trotz aller Anträge in der deutschen Regierung, in der britischen Regierung und am Europäischen Gerichtshof in Straßburg nicht zurück gegeben auf dem eines Kindes Elisabeth II. würdigen Weg. Man wollte es nicht glauben, dass das wahr ist und man wollte es nicht zugeben, dass man das Kind auf der Straße starten lies im Berlin der Nachkriegszeit.
Die Gebete in der Zeit sind für alle in Großbritannien und in Englisch.
Durch den Fall der Mauer konnte die Autorin Regina Rausch ganz umfangreich die Reisen zwischen den Ländern Deutschland und dem Vereinten Königreich von Großbritannien und Nordirland nachholen, die die DDR nicht ihr zubilligte. Sie stieß dabei auf all das, was irgendjemand anderes gedealt hatte, etwa zum Abschaffen der Könige und Königinnen oder sozialpolitisch, völkisch ausgedrückt zum Abschaffen der Reichen. Alle Reisende in Europa, die englische Kirchen oder eben anglikanische Kirchen besuchen möchten, sollten beten, wie Jesus das gelehrt hat. Ob man in Reisefreiheit das Recht hat, ein anderes Land zu stören, das ist fraglich. In allen Ländern aber sollte man der Wahrheit verbunden bleiben. Auch in weiblichen Gesellschaften etwa der Amazonen lehrte man das Töten.

Selbst das Lords prayer in Deutsch Vater unser ist aber eher Anleitung zum Nachdenken und Akzeptieren von Unterschieden.

We pray:
Our Lord, who art in heaven,
hallowed be thy name.
Thy kingdom come.
Thy will be done on earth as it is in heaven.
Give us this day our daily bread, and forgive us our trespasses,
as we forgive those who trespass against us,
and lead us not in to temptation,
but deliver us from evil.
For the kingdom,
the power, and the glory are yours,
now and for ever. Amen

Für den Frieden, der für so viele Jahre geblieben ist in Europa, hätte ich – die Autorin Regina Rausch, auch Elisabeth III. in Freiberuflichkeit - einen hohen Preis gezahlt. Das weitere Ordnen kann man über Lesen von Veröffentlichungen im Kleinunternehmen Eigenverlag Regina Ebert Rausch oder derer im Verlag Frieling und Partner Berlin begleiten.

Gier – Macht – Krieg

Gebete zur ökumenischen Friedensdekade vom 6. bis 16. November 2011

Nachhaltigkeit im Krieg

Herr unser Gott, wir Kinder der Nachkriegsgeneration haben unter den Folgen der Kriege gelitten und uns lange für Frieden eingesetzt. Ich bin dabei entsetzt über die Dreistigkeit, die daraus entstanden ist. Im Fall der Mauer und im Jubel der deutschen Einheit, wollte man die Erinnerung an die DDR, ihre unterschiedlichen Lebensformen, ihre Ehrungen und Würdigungen vernichten. In Hausdurchsuchungen von wohl Bekannten aus der Zittauer Kirchgemeinde sind auch meine Abzeichen, Anstecknadeln und Ehrungen eingezogen worden von einer Frau, die sich Freundin nannte und die sich damit Geld verdient hat.
Ich gebe zu, ich trenne heute Familie, Kirche und Staat noch strenger als in der DDR.
Gerechter Gott, stärke mich in meinen Entscheidungen zum Frieden, wissend, dass es sein kann, dass man selber einen hohen Preis für Frieden zahlt.

Amen

Wenn Menschen unter Macht leiden

Herr unser Gott, die meisten Menschen leiden unter Macht, weil sie nicht einsehen wollen, dass Leben strenge Grenzen braucht. In meiner Erfahrung zwischen drei unterschiedlichen Staatsformen (Königreich – Sozialismus der DDR – Nachwendekapitalismus) musste ich in meinem Leben Macht akzeptieren lernen. Vor allem in der DDR gaben viele Bekannte gesellschaftliche Grenzen vor, um ihr eigenes Versagen zu vertuschen. Mir liegt noch heute oft das Lamentieren in den Ohren von Frauen, die es bis zum Abitur nicht geschafft haben. Für mich aber ist das Merkwürdigste, dass man das später in völlig freien Möglichkeiten von Bildung nie nachholte. Ich habe das umgedreht organisiert. Als kleineres Kind gerade in der Familie Ebert aufgenommen kannte ich weder die Lieder der deutschen Kirche gut genug, um dass ich im Kinderchor mitsingen konnte, noch hat das Ausprobieren am Klavier mit dem Herrn Ebert gereicht, um die Aufnahmeprüfung zur Musikschule zu schaffen. In den Kindererziehungszeiten für meine eigenen Kinder, den Arbeitslosenzeiten und den Zeiten mit geringer Beschäftigung habe ich dank eines nie arbeitslosen Ehemannes acht Jahre mit meinen Kindern gegen gute Bezahlung Musikschule besuchen können. Waren solche Möglichkeiten nicht ein Vorzug im Fall der Mauer?

Gerechter Gott, stärke mich selber im Gebrauch von Macht, wissend, dass es dabei immer wieder auch Leidtragende gibt.

Amen

Alle sind gut und alle sind schlecht

Herr unser Gott, wir alle tragen Schuld. Wir geben das zu. Jeder aber ist einzig vor dir **gerechter Gott.** Jeder darf überlegen, an welchen Stellen er Schuld wählt. Wir wissen, dass niemand ohne Schuld durch sein Leben kommt.

Gerechter Gott, bewahre uns davor, dass wir uns dabei etwas vormachen, wenn es um Vergeben geht. Solche Schuld wie Zittauer Kirchen im Fall der Mauer und Öffnen der Unterlagen der Staatssicherheit der DDR tragen, vergebe selbst ich nicht. **Amen**

Katholische Kirche des Königs in Brüssel

Maßlose Gier

Herr unser Gott, in unserer Zeit sind viele Suchtmittel neu. Die DDR hatte andere Möglichkeiten zum Einschränken beim Schmuggel von etwa Zigaretten, Drogen und Autos über Grenzen zwischen den Ländern, so dass niemand privat davon je betroffen war. Das war Sache des Staates, der Armee, der Polizei. Man hatte dafür eine Mauer. Maßlose Gier ist für mich auch, wenn ein Pfarrer immer Baugelder für fünf Kirchen braucht und bloß eine Gemeinde hat.
Gerechter Gott, ich bin Thronfolger zu Ihrer Majestät Königin Elisabeth II. und werde auch unter dem Namen Elisabeth III. bekannt. Herr unser Gott, hilf mir, dass ich im Teilen mit anderen für mein Leben immer bessere Wege wähle.

Amen

Reichtum und Raub

Herr unser Gott, mir fällt zu Reichtum und Raub der Ablasshandel der katholischen Kirchen im Mittelalter ein. Seine brutalen Methoden erinnern mich daran, wie man heute einschränkt, etwa wenn Autos nach Polen geschleppt werden oder Jugendliche die Kleider älterer Menschen schon lange vor deren Tod verscheuern wollen für das Benzin ihrer Autos. Selber seit der Schulzeit wieder an Reichtum gewöhnt, muss man im Spektrum unserer Gesellschaft Reichtum immer wieder neu definieren. Was für mich Reichtum ist, nämlich Wohnung, Auto, Arbeit, sauberes Essen, Gesundheit, gesunde Kinder, gilt heute oft schon als zu wenig. Man redet über Schmuck, Abendkleider, die letzte Reise, die besten Hotels.

Burg von Dover

Herr unser Gott, stärke uns im Nachdenken über Reichtum und Grenzen in unserer Zeit.

Amen

Du sollst nicht stehlen, du sollst nicht begehren!

Herr unser Gott, sich bedienen und stehlen scheint Alltag geworden zu sein unter der Jugend, die nicht gelernt hat, Geld zu verdienen oder Geld einzuteilen. Immer und immer wieder fällt mir das auf. Da wird mein Auto nach Polen geschleppt und zerlegt und ich muss mir ein

neues kaufen. Ich denke, man hat Autos erst so zwischen vierzig und fünfzig Jahren. Vorher muss man arbeiten und sparen. Kredite machen heute das Kaufen leicht, aber weiß man vorher, ob man die wirklich tilgt? Sicher begehrt man die Autos immer und immer wieder, aber darf man dafür kriminell werden? Am Beispiel der Autos wird das Stehlen für alle verständlich, aber so bleibt das auch bei Manuskripten, Disketten, CDs, USB-Sticks und allem, was Gedankengut von Forschung ist.
Gerechter Gott, lehre die Völker maßvoll zu leben und maßvoll mit ihrem durch den langen Frieden etwa in Europa dauerhaft gewachsenem Reichtum umzugehen.

Amen

Wer geizt, wird ärmer

Herr unser Gott, wir wissen, das kann sein, muss es aber noch lange nicht.

- Man kann auf den Sonntagsgottesdienst verzichten, um die übliche Kollekte zu sparen.
- Man kann um Cent genau sein Vermögen verwalten.
- Mit einer guten mathematischen Ausbildung muss eine Unternehmensabrechnung auf den Cent genau stimmend hinbekommen werden. Das bezeichnen die Gegner mathematischer Genauigkeit schon als Geiz.
- Aber man bekommt ein besseres Ansehen, wenn man rechtzeitig und nicht erst am letzten Tag seine Rechnungen bezahlt und eine am letzten Tag bezahlte Rechnung könnte noch Zinsen bringen.

- Man kann viel ärmer sein, wenn man nicht rechnet, nicht geizt, nicht spart, sondern groß zügig sein Geld ausgibt.

Gerechter Gott, für uns im Osten hat sich viel geändert in solchen Fragen. Hilf, dass wir das alles bewältigen und die Unterschiede gelassen hinnehmen.

Amen

Besser eine Hand voll und Ruhe

Herr unser Gott, sicher wird eine Hand voll wenig sein, aber lass uns Grenzen akzeptieren lernen. **Herr unser Gott,** lass uns lernen, dass Ruhe besser ist als Krieg, der vernichtet, tötet, stört. Aber auch wer Ruhe will, wird nicht immer wieder den Preis dafür bezahlen wollen. **Gerechter Gott,** wir bitten dich, bewahre uns und unsere Kinder und Enkel vor solchen Kriegen wie dem Zweiten Weltkrieg, in dessen Folgen ich nach Deutschland kam.

Amen

Kluge Politik und faire Wirtschaft

Herr unser Gott, kluge Politik und faire Wirtschaft sind heute selten geworden. Ich als Kapitalist schließe mich dabei nicht aus. Beim Studium an der heutigen Universität von Chemnitz musste ich noch Prüfungen ablegen in politischer Ökonomie des Sozialismus und des Kapitalismus. Jeder musste das damals lernen. Wenn man Genossenschaften erlebt, Vereine oder andere sozialistische Arbeitsformen, da entscheidet man sich sozialistisch. Im Konkurrenzkampf um Arbeitsverträge, Standtermine, Umsatz und Einnahmen, da entscheidet man streng kapi-

talistisch. Nicht immer kommt man dabei aus ohne ein wenig unfaire Methoden für seinen Gewinn und seine Vorteile. Immer wieder muss man wählen, wie man sich entscheidet, immer kann alles schief gehen. Mit den Methoden der psychologischen Kriegsführung, die die DDR lehrte, kann man immer wieder mit offenen oder verdeckten Methoden enteignet werden oder eingeschränkt. Selbst in meinem Bekanntenkreis ist ein Herr gestorben im Fall der Mauer, weil sein Geschäft dem Konkurrenzkampf nicht stand hielt. Vor allem im Osten sind die Angebote in den Kaufhallen für manche einfach zu viel. Es wird sich so nebenbei beim Einkauf bedient. Man muss mit den Folgen dabei lockerer umgehen, wenn Geschäfte sich nicht halten lassen. In den Auseinandersetzungen zwischen Ost und West hätte es sein können, dass es noch viel schlimmer kommt. Ohne das Auflösen der NVA hätte es wirklich sein können, dass es Kriege gibt.
Gerechter Gott, lehre uns für unseren Reichtum dankbar zu sein und hilf uns den Wechsel zwischen Vermögen und Verlust zu verkraften - vielleicht für faire Wirtschaft und kluge Politik.

Amen

Teilen - Macht - Frieden

- **Herr unser Gott,** dass ich mit anderen teilen soll, das fordert man immer und immer wieder. Ich bin 1954 nach Berlin gekommen. Ich war Straßenkind. Hat je jemand in Deutschland in dieser Zeit mit mir geteilt?

- Aus Teilen allein entsteht kein Frieden. Als ich zur Schule kam, da begann auch die Christenlehre. Zu dieser Zeit kannte ich keinen deutschen Kinderlieder.

In einem Kinderchor konnte mich meine Pflegemutter nicht unterbringen. Der Kantor wollte mit einem so wenig vorgebildeten Kind seine Zeit nicht teilen.

- Die Zittauer evangelische Kirche hat zur Zeit fünf Kirchen, an denen immer gebaut wird, aber nur zwei haben Gottesdienste. Die Stadt bekam für alle möglichen kleineren Gemeinden Kirchenneubauten oder Neubauten für Gemeindezentrum. Die früheren Pfarrer wollten sich die „Christen" heraus suchen dürfen, mit denen sie teilten. Man hatte Normen zu erfüllen. Man wollte mächtig sein und bestimmen als Pfarrer.

- Wer als so reich gewordener Pfarrer würde mir meine bescheidene auf der Basis außergewöhnlicher Fähigkeiten in der Kunst und deutschen Literatur begründeten Arbeit gönnen? Wie könnte man mich ausbeuten?

- Mit der gerichtlichen Forderung 1995 zur Vorbereitung meiner Ehescheidung im Jahre 2002 endet für mich der Schutz der bürgerlichen Ehe. Es beginnen die königlichen Pflichten. Der damalige Pfarrer, der vorher Offizier der NVA der DDR war und an der Öffnung der Unterlagen der Staatssicherheit der DDR beteiligt, der wollte zu den Fragen meiner Herkunft nicht mit mir zusammen arbeiten.

Gerechter Gott, für mich als Christin ohne Zugehörigkeit in deutschen Kirchen bleibt oft Frieden, wenn ich da nicht mehr hingehen muss.

Amen

Kirche in der Burg von Dover

Weisheit als Gegenmacht

Herr unser Gott, was nutzt alle Weisheit alles Wissen gegen die brutale unwissende, dumme Gewalt, die Überheblichkeit durch langen Frieden, die Eitelkeit gewachsenen Reichtums, die alle zusammen mehr Schaden machen als die Vernunft?
Gerechter Gott, lehre uns Wissen so einzusetzen, dass seine Macht den Frieden stabilisiert, den Reichtum unserer Gesellschaft erhält und auf alle wichtigen Veränderungen rechtzeitig vorbereitet.

Amen

Mutig für Menschenwürde

Gebete zur Friedensdekade vom 11. bis 21. November 2012 in Zittau

Leben aus Menschenwürde

Herr unser Gott, wir leben in Europa in einer wirtschaftlich stabilen Gegend von Deutschland.
Wenn man in den privaten Beziehungen Strenge und Ordnung hält, dann kann man sehr würdig leben. Wir aber sind auch umgeben von all den Versuchungen, die nach dem Fall der Mauer um unser Ostdeutschland neu sind. Über die für mich gewachsenen Möglichkeiten in Freiberuflichkeit - also in freier Berufswahl jeden Tag neu – bin ich sehr froh. In diesem Spektrum wähle ich das, was mir Geld bringt und was ich mir mit dem verdienten Geld leisten kann. Ich wähle also, wäge ab, berechne, plane und das ist ziemlich fern von allem menschlichen Gefühl. Das Kapital Urheberrechte, was ich selber schaffe und verwalte, das möchte jeder haben. Ob man dahin kommt, wo man so viel verdient wie ich und es in Kapital Geld verwandeln kann, das ist fraglich. Wenn ich in den Möglichkeiten Arbeiten keine andere Anstellung finde, dann wähle ich so. Unwürdig ist das nicht. Aber es ist menschlich, dass man nach Bedeutenderem, Besserem, Lukrativerem strebt.
Herr unser Gott, ich gehöre zu denen, die dir von Herzen für ein so würdiges Leben danken.

Amen

Kein Mensch passt in eine Schublade

Herr unser Gott, als Kind einer Königin in Europa habe ich in all den ersten Jahren erlebt, dass ich einzig bin auf dieser Erde. Ich bin in die Masse der Straßenkinder Berlins gekommen, wo alle ungleich und hungrig waren. Mit Hilfe der Regierung der DDR fand ich die Familie, in der ich aufwachsen sollte, einige Jahre später wirklich. Da begann wieder reicheres Leben. All dieser Wechsel hat mich geprägt. All dieser Wechsel macht unverwechselbar. All diese heute geforderte Gleichheit führt bei mir dazu, dass ich meine, man muss sich mehr Mühe geben und leben wie ich. Angeeckt bin ich dabei ein Leben lang.
Früher habe ich zu viel gearbeitet, sagte man mir oft und heute ist vielen meine Rente zu stabil.
Herr unser Gott, ich danke dir von Herzen, dass du mit mir bist und ebenso mit allen anderen Menschen.
Amen

Menschenwürde bewahrt

Herr unser Gott, so ein würdiges Leben, wie du mir geschenkt hast, das bewahrt wirklich. Es bewahrt vor dem Schreien etwa in heutigen Demonstrationen. Es bewahrt davor, klauen gehen zu wollen. Mein kleines Auto in einem Ratenvertrag bei Berufstätigkeit bewahrt mich davor, andere Autos anzünden oder abbrennen zu wollen. Mich schützt meine selbständige Arbeit auch bei geringen Einnahmen. Sie bewahrt mich davor, mir ständig neu zu überlegen, was ich jetzt machen könnte. Sie schützt mich vor all dem krankhaften Kaufen müssen,

dem weggehen müssen und kein Geld haben, dem Gefühl nutzlos zu sein.
Herr unser Gott, ich danke dir für meine bescheidene Arbeit bei der ich in Würde über alles selber entscheiden kann. Wenn sie mich nicht verbiegt, dann macht das frei.
Herr unser Gott, ich danke dir dafür.

Amen

Ich schäme mich!

Herr unser Gott, wofür sollte ich mich schämen? Das Thema gab eine Arbeitsgruppe der deutschen evangelischen Kirche vor. Wir hören vom Versagen von Kirchenleitungen und Pfarrern. Ich sehe das auch so. In all meinen Bemühungen wollte man mich in der Zeit um den Fall der Mauer lieber nicht mitarbeiten lassen und lieber nicht fragen müssen. Man glaubte, das nicht nötig zu haben. In den Verträgen, in denen ich als das Kind einer Königin in Europa in Deutschland lebte und notfalls weiter leben muss, war ich unter anderem für den Erhalt der Kirchen verantwortlich. Ich war nicht verantwortlich für die sechs oder acht Zimmer Wohnung heutiger Pfarrer, etwa für den Wintergarten in den Träumen der Pastorin unserer lokalen Region, den wir heute Gemeindesaal nennen oder für all die vielen Bäder, Fußbodenbeläge und Luxusgüter. Ich war auch nicht verantwortlich für die goldenen Kreuze auf den Kirchendächern. In den Entscheidungen zu den materiellen Fragen lies man mich nie mitreden. Oft bedauere ich, wenn da so viel schief geht. Lügen und Betrügen für den Reichtum von Kirchen darf man bei mir nicht. Die Institution Kirche setzt auch Christen in Deutschland Grenzen.

Herr unser Gott, ich schäme mich dafür nicht.

Amen

Mut in Betlehem

Herr unser Gott, wir lieben dieses freie Europa ohne Grenzen und Mauern und danken dir dafür. Mut in Betlehem scheint uns, etwas ganz anderes zu sein. Da muss man in Betlehem bezeugen, dass da Jesus geboren wurde. Mich als Kind einer Königin erinnert das an die vielen Gäste und Zeugen meiner Geburt und meiner frühen Kindheit. Viele davon leben wie ich noch heute. Wie aber wird das sein, wenn das Erinnern zurück rückt in die Geschichte? Sicher kommt nach IM Königin Elisabeth II. oder neben ihr Elisabeth III. wirklich, aber braucht man nicht all den Mut heute? Ist unser Leben nicht so bedroht wie das Jesu früher? Und was wird aus den vielen Kirchen, wenn man die Heizkosten nicht zahlen kann? Mut in Betlehem das war bescheidener Mut zum Überleben, zum Brot teilen und zum Teilen von Fischen. Muss man nicht so weit zurück, wenn man zwar sonst reisen kann im freien Europa und eben auch hungern darf?

Herr unser Gott, lasse uns gute Entscheidungen finden für den Mut heute vielleicht aus den Wurzeln von Bethlehem und lass uns den Mut von früher oder den Mut, den man in anderen Gesellschaften braucht, nicht unterschätzen.

Amen

Die Sprache der Menschenwürde

Herr unser Gott, ich danke dir in meinem Leben für all diese Begleitung in Krieg und Frieden, in Gefahr, Freude und Leid. Die Sprache der Menschenwürde das ist für mich die Ruhe, mit der ich lebe. Das ist für mich die Art und Weise, mit der ich all diesen alltäglichen Streitigkeiten ausweiche. Die Sprache der Menschenwürde ist aber auch all der Kampf gegen die Bedienmoral unserer Gesellschaft, der Kirchen und all der anderen neuen Religionen, die nach immer größeren Gotteshäusern streben. Wenn mein Auto für meine tägliche Arbeit und den Markt angefüllt nach Polen geschleppt wird, dann ist das für mich im Dreiländereck mitten in Europa nichts anderes als Verbrechen. Daraus wachsen mitunter Kriege. Bloß mein Kampf beim Aufklären gibt dann Menschenwürde zurück. Zur Sprache der Menschenwürde gehört das Abgeben und Teilen der Produkte der meiner Arbeit im Rahmen meiner bescheidenen Möglichkeiten und möglichst ohne, dass ich dabei Schaden nehme.

Ich setze zu diesen Betrachtungen das Wahren der zehn Gebote hinzu als Menschenwürde–eben so gut das geht - als notfalls Herr über Krieg und Frieden.

Herr unser Gott, ich danke dir für das nicht alltägliche in den Fragen der Menschenwürde als Kind einer Königin.

Amen

Die Würde der Tiere

Herr unser Gott, ich danke dir für die Vielfalt im Leben von Menschen und Tieren auf unserer Erde. Ich denke aber betrachtet an den Vorstellungen des Tierschutzes, dass der möglich ist bei unserem Reichtum, aber er darf die Menschen nicht gefährden. In unserer Oberlausitz hört man jetzt wieder öfter, dass es immer mehr Wölfe werden. In afrikanischen Ländern bringt der Schutz der Elefanten wachsende Zahlen der Exemplare einer Art etwa von früher fünftausend Stück auf heute sechzigtausend Stück. Es bleibt zu fragen, ob die Menge der Nahrungsmittel für Elefanten dann wichtiger ist als die etwa für Kinder. Und was wird, wenn niemand mehr den Mut findet, Tiere abzuschießen oder zu töten etwa bei Elefanten oder Wölfen? In den reichen Gesellschaften ohne Hunger mag man Tiere schützen. In den ärmeren Gesellschaften überlegt man zu Recht, was man damit für Kinder, Familien, Kranke und so weiter machen könnte, wenn man jagt, verkauft oder erbeutet. **Herr unser Gott, stärke uns im Abwägen, beraten und umsetzen dessen, was wir als Menschen dabei als richtig empfinden, wissend um das Aussterben von Arten und deren Neuentstehungen solange die Erde besteht.**

Amen

Courage im direkten Umfeld

Herr unser Gott, wir bitten um Schutz. Ich wohne in einem Wohngebiet nach der Ehescheidung in einer kleinen gemieteten Wohnung. Die geordnete Rückgabe mit meinem Eigentum in mein Heimatland hatten die Deutschen vertragsgemäß im Jahre 2004 offenbar nicht vor. Mut im direkten Umfeld bedeutet für mich unter Offizieren der NVA zu leben, die mich als Kleinunternehmer abschaffen wollen zugunsten von unrentablen Massenbeschäftigungen. Dabei ist jeder Weg zum Markt, zum

Verkauf meiner Produkte Gefahr. Mein genetischer Bruder, dem die Tochter eines hochgejubelten Rektors der Zittauer Fachhochschule als Professor der Universität Dresden aus lokaler Begrenztheit in Zittau ihren Willen aufzwingen wollte, wurde dabei einfach abgestochen. Das faule, arbeitslose Volk in meinem Umfeld hat über mehr als zwanzig Jahre die dazwischen Wohnenden immer wieder abgezoggt und im deutschen Betreuungsrecht als behindert betreut. All das konnte man ungestört hinter dem Rücken solcher Leute wie mir organisieren. Courage im direkten Umfeld bedeutet, dass man sich mit dem kriminellen Alltag in Deutschland immer wieder auseinandersetzen muss und die Fähigkeit dazu besitzt.
Herr unser Gott, wir bitten um Schutz, damit Frieden bleibt mitten in Europa.

Amen

Zuwendungen

Herr unser Gott, wir spüren deine Zuwendung in der unserer Mitmenschen. Wir wissen um Gottes Zuwendung auch dann, wenn Menschen versagen. In den früheren Gesellschaften waren Frauen wohl abhängiger von der Zuwendung der Männer, von ihrer Fürsorge, von ihrem Geld. Wenn ich die unterschiedlichen Stationen in meinem Leben betrachte als heute im Beruf erfolgreiche aber eben geschiedene Frau, dann denke ich, dass die frühere Abhängigkeit oft besser war, verantwortungsvoller und weniger egoistisch. Mit meinen Weiterbildungen, Schul- und Studienabschlüssen kann ich mich dem stellen. In jeder anderen geschiedenen Frau aber würde ich höchstens noch eine Konkurrentin sehen, keine Hilfe, keine Unterstützung, keine Freundin. Ich stelle mich einfach dem Existenzkampf Arbeit. Sicher hätte ich mir eine weichere Gesellschaft gewünscht. Bloß aber diese Härte hat mich geschützt. Ich beginne mich daran zu gewöhnen.

Herr unser Gott, schenke das Gleiche all den anderen Frauen, damit sie mich nicht zu belästigen gedenken und jede ihren eigenen Weg findet.

Amen

Nicht würdig?

Herr unser Gott, oft ist es schwer, deine Stärke und Macht zu akzeptieren.

Nicht würdig ist vieles. In meinem Umfeld leben oft viele, die nicht arbeiten wie ich. Es sind aber Leute, deren Machtanspruch sich einbildet, dass man mir gleich leben möchte. Als ich noch verheiratet war, da lebte ich mit der Familie meines Mannes lange vor solchen Leuten geschützt. Ich profitiere noch heute von den Arbeitsergebnissen wissenschaftlicher Arbeit aus dieser Zeit. Heute alleine mietend wird meine Wohnung oft durchsucht und ich kann mich dagegen nicht schützen. Selbst frühere Freundinnen beteiligen sich daran und bereichern sich. Es ist der Rassenhass, den die Zeit nach dem Fall der Mauer schürt. Es ist die Brutalität des Sozialismus, der lange an der Mauer der DDR tötete, statt den Wünschen nach Weggehen zu genügen. So wie man damals in der DDR eingeschränkt wurde etwa als Kirche, so möchte man einschränken dürfen. Ich aber unterliege Verträgen. Deutschland war verpflichtet mein Leben zu dokumentieren und nicht das derer, die gedenken meine Wohnung durchwühlen zu müssen. Man sollte nicht des Lebens derer gedenken, die Waffen forderten für ihren Schutz vor angeblich mir, vor allem wenn man weiß, was man später mit diesen Waffen so anstellte. So wie man Tschechen oder Polen anwirbt für so schmutzige Geschäfte in Deutschland, so macht man das in Afrika, wenn man Afrikanern beibringen will, amerikanische Botschaften kontrollieren zu müssen. Wir wissen, all das brachte die Reisefreiheit hervor und die immer noch geisternden Vorstellungen von Sozialismus, Nationalsozialismus und arischer Privilegierung auch etwa bei der Vergabe von Arbeitsstellen in den Ämtern der Deutschen. All das ist wenig würdig und man wird das wohl Deutschland auch so anlasten müssen.

Herr unser Gott, hilf mir als Kind einer Königin frei lebend in Europa, dass ich mich besser schützen kann vor so viel unwürdigem Leben, vor solchen Schaden, der durch die Beutevorstellungen der Deutschen entsteht und vor so viel Unehrlichkeit.

Amen

Leben und Liebe teilen

Herr unser Gott, ich danke dir von ganzen Herzen für meine Familie. Meine Familie ist anstrengend, außergewöhnlich, mächtig und sowohl mit Freude gesegnet als auch mit Leid geschlagen. Ich gehöre ihr eigentlich ein ganzes Leben lang gerne an. Im Datenschutz der DDR war das oft sehr bequem. Mit dem Fall der Mauer aber ist der Datenschutz als Verstoß deutscher Parteien gegen die Verträge der DDR zeitig weggefallen. Man darf abwägen, ob das gut war oder eben schlecht. In meinem Leben habe ich so gewählt, dass ich mich beidem stellen kann dem Datenschutz und der dabei von vielen Neidern verhassten Privilegierung meiner Familie in der DDR und im Fall der Mauer der Wahrheit meiner Herkunft, der Realität der deutsch / britischen Staatsverträge und den möglichen Zielen, die ich zu erreichen gedenke oder an denen ich wenigstens arbeite. Leben und Liebe teilen bedeutet hier für viele, dass man miteinander schläft, Kaffee trinkt und dabei viel Zeit verbringt. Für mich bedeutet das aber, dass sich Leben und Liebe in Arbeit hinein tackten müssen und dass man sich nicht dabei verzettelt. Leben teilen bedeutet für mich Verantwortung teilen. **Die Liebe teilen bedeutet für mich als Kind einer Königin, dass man bloß im Frieden liebt.** In all der anderen Zeit dient man dem Land seiner Geburt, so gut das eben gerade geht. Leben und Liebe teilen, das ist für mich der seltene Augenblick von Freiheit, den einem so recht niemand gönnt.

Herr unser Gott, ich danke dir für deine Zusage, dass du den Menschen in schwierigen Zeiten die Liebe immer wieder neu schenkst, solange die Erde besteht. Ich danke dir, dass ich daran glauben kann.

Amen

Rauswurf

Gebete zur ökumenischen Friedensdekade im Jahr 2013 in Zittau

Das richtige tun

Herr unser Gott, was ist das Richtige? Was würdest Du mir raten gerechter Gott? Soll ich mit lügen mit den Christen deutscher Kirchen oder die Wahrheit sagen und durchsetzen? Du bist bei mir im Leben und Sterben. Im Jubel der Einheit hat man sich stark gefühlt mit den Waffen der Briten. Man hat geplündert, gefoltert, mit Medikamenten ruhig gestellt und mit eben Waffen Erbschaften eingezogen. So wollten Pfarrer endlich Könige werden und wichtiger sein. Das Richtige tun aber denkt an alle Menschen. Aus dem Luxus der Geldverteilungen, die von West nach Ost rieselten, wurde Alltag, wo man arbeiten hätte müssen und sparen. Für mich als geschiedene, mit unterschiedlichem Einkommen oft zu Hause arbeitende Frau aber war das Sparen Alltag in den vielen neuen Möglichkeiten. Das haben auch meine Kinder gelernt. Unerträglich war die Härte dabei nicht. Meine Arbeiten und Urheberrechte, die dabei entstanden

sind, können noch meine Kinder übernehmen und erben. Im Idealfalle können sie daran verdienen.
Ich danke dir dafür Herr unser Gott.

Amen

Solidarität beginnt beim Nächsten

Herr unser Gott, ich soll Solidarität üben? Für mich könnte das selbstverständlich sein, aber ich suche mir die Leute selber aus, denen ich solidarisch begegne. Das ist mein Recht, meine Freiheit, meine Wahlmöglichkeit. Die Referentin des Abends der Friedensdekade in Zittau gehört bestimmt nicht zu denen, mit denen ich Solidarität üben möchte. Als Lehrerin nach dem Fall der Mauer sind deren Kinder wohl furchtbar zu kurz gekommen. Man hatte immer Arbeit und nie Zeit. Man hat so gewählt. Das Recht, einfach auf andere Kinder Zugriff zu nehmen wegen Parteizugehörigkeit, etwa arischer Herkunft oder eigenen Karrierechancen, das billige ich niemanden zu. Ich denke an meine Kinder. Ich bin auch Lehrerin, hatte Zeiten mit Arbeit, Zeiten in Arbeitslosigkeit und viele Arbeitsverträge in anderen Berufen der Freiberuflichkeit. Ich habe mir auch Zeit genommen für meine Kinder in der Freizeit und den Arbeitslosenzeiten. Den Dank dafür ernte ich heute.
Herr unser Gott, ich danke dir dafür.

Amen

Feindesliebe

Herr unser Gott, wir sollen unsere Feinde lieben. Ich frage dich, hätten wir sonst die Möglichkeit zum Kampf ohne unsere Feinde? Du hast mir Gesundheit geschenkt, Ausdauer, Kraft und Mut. Warum soll ich meine Feinde nicht bekämpfen? In der vorgegebenen Ankündigung für diesen Abend der Friedensdekade in Zittau sollen wir das Lied „We shall over come" singen. Geht es uns nicht so gut, dass ich an Goethes Faust denke und an das ewige Leben? „Zum Augenblicke möcht ich sagen, verweile doch du bist so schön?"

Lass mich in so einem Gebetsabend neue Orientierung finden für die Unterschiede in Gesellschaften, für Gesellschaften in Krieg und für unseren Blick auf all diesen nicht selbstverständlichen Reichtum.

Herr unser Gott, ich danke dir dafür.

Amen

Oma ist im Heim

Herr unser Gott, zwischen dem Zuhause meiner Enkel und mir in unserem schönen Europa liegen beinahe 1000 km. Oma ist im Heim, das könnte man meinen Enkeln erzählen.

Unser Europa ist schön, frei und weit. In den Zeiten von Frieden überwindet man diese 1000 km leicht. Auch in unserer Gegend gibt es immer mehr arme Mitbürger, denen es nicht gelingt, ihre Angelegenheiten zu ordnen, wie es mir gelang. Sie werden durchsucht, beklaut und all diese Räuber nennen sich „Freunde". Wenn ich an meine Enkel denke, dann überlege ich wirklich, wie lange ich all den Problemen Europas noch stand halte und an sie denken kann. Zwischen Helfen und den eige-

nen Vorstellungen davon, was einem alles passieren kann, da überlegt man und plant.
Oma ist im Heim. Da kann es schöner sein als in einem Zuhause, in dem man alleine bleibt. Ich denke, ich habe mich entschieden. Ich lebe in meiner Wohnung so lange, wie mir Gott der Herr Kraft schenkt. Aber es werden immer mehr, deren Rente in Deutschland nicht reicht für eine eigene Wohnung. Welche Rolle aber spielt Familie, wenn man sich eine Wohnung alleine leisten kann? Ich schaue auf meine Kinder, die sich auch alle eine Wohnung leisten können.
Ich danke dir – Herr unser Gott – dass ich darauf vertrauen kann, dass sie für mich notfalls sorgen können.

Amen

Wen nützt dein Glaube?

Herr unser Gott, mein Glaube nutzt mir. Ich danke meinen Eltern, meinem Erzieher, meinen Wachen der frühen Kinderzeit, dass sie mir den Glauben unserer christlichen Kirche vermittelten. Mein Glaube nutzt meiner Familie. Mein Glaube hilft meiner Kirche. Er schadet all denen, die darum kämpfen, dass sie solche Leute wie mich in ihren Kirchen haben. Man könnte die Rente abzoggen, man hätte Alte zum Anspucken, man könnte stänkern. All solchen Vorstellungen schadet mein Glaube wirklich.
Ich bin bei Gott dem Herrn im Tod, wenn das Leid unerträglich würde und die restliche Zeit bis dahin arbeite ich für ein besseres Leben.
Herr unser Gott, ich danke dir dafür, dass ich nicht auf die Idee komme, von solchem Glauben abzuweichen.

Amen

Ich sende Euch

Herr unser Gott, selten sende ich jemanden wirklich aus. So reich bin ich nicht immer. Aber mein Geld begleitet so manchen in ein besseres, anderes Leben, in Freiheit, Sicherheit und eben Selbstverantwortung.
Einmal ist es mir gelungen, in einem Arbeitseinsatz in einem Flüchtlingslager kurz nach dem Krieg in Kroatien einige der Kinder mit einem fünf Kuna Schein in eine Kaufhalle oder einen gerade neuen Laden zum Einkaufen zu schicken. Manchmal trifft man als Kleinunternehmer Leute, die heute im Schrei nach Freiheit und Selbstverwirklichung noch schadlos kleinere Arbeitsaufträge annehmen können. Manche wollen aber dann schon später mehr Geld dafür einklagen können. Man überlegt, wen man aussendet. Man kann davon heute Schaden nehmen. Wenn ich mich beim Aussenden mit meiner Mutter vergleichen würde, dann käme ich mir ärmlich vor.
Herr unser Gott, ich danke dir dafür, dass man das nicht nötig hat heute in dieser Zeit in Deutschland in privater Verantwortung.

Amen

Gehorsam

Herr unser Gott, in meinem ganzen Leben war es sehr streng und wird es das bleiben. Ich denke, wenn man streng erzogen wird, dann schafft man mehr. Ich schaue auf das Versagen all derer, die nicht so streng leben wie ich, nicht so streng erzogen wurden und bin dir von Herzen dafür dankbar, das mein Leben so außergewöhnlich wurde durch meine Herkunft, meine Familie, meine

Erzieher. Ich schaue auf all diese Unterschiede zwischen uns Menschen und meine, man kann sie nicht verbergen. Lass uns lernen, dass das normal ist. Lass uns daran erinnern, dass wir leben dürfen in Achtung deiner Gebote so streng und gehorsam, wie wir das vermögen. Ein wenig besorgt höre ich immer wieder von deiner Vergebung. Wer sollte dann so streng richten wie ich? Man kann alle Schuld verkleistern. Aber dient das dann dem Leben?

Herr unser Gott, bewahre uns vor dem ewigen Vergleichen und damit vor dem Neid.

Amen

Leidenschaft für das Leben

Herr unser Gott, ich als Kind Ihrer Majestät Königin Elisabeth II. und des Herzoges von Edinburgh lebte immer im Grenzbereich zwischen Leben und Sterben. Wir konnten in unserer Familie immer bloß wählen zwischen Krieg und Frieden. Wir konnten abtauchen in unbeobachtete Gegenden, in Ferien auf dem Dorfe, in Arbeit im Garten und in Blumenverkauf. Wir konnten Reisen, alle heirateten und wir zogen Kinder auf. Leidenschaft für das Leben meint, für Familie zu kämpfen. Leidenschaft für das Leben bedeutet heute für mich nach dem Öffnen der Unterlagen der Stasi durch die Gauck – Behörde, für das Durchsetzen der Wahrheit zu kämpfen. Ich als Kind einer Königin......... Ich gebe die Waffengeschäfte der Deutschen gegen das Leben zu. In Leidenschaft und Achtung für das Leben und zwischen zum Töten ausgebildeten-Mitbürgern kann man aber auch sterben.

Herr unser Gott, lass mich im Ernstfall dafür bereit sein.

Amen

Opfer

Herr unser Gott, in den Folgen des zweiten Weltkrieges mussten meine Eltern ihre Kinder opfern für ein zweifelhaftes Leben in Deutschland. Mein Bruder studierte dabei nach all dem Leid der Trennung von unserer Familie Geschichte in Saarbrücken, wurde Lehrer, promovierte und wurde Professor an der Universität des Saarlandes, der von Freiburg und nach dem Fall der Mauer bis zu seinem Tod Professor für Didaktik und didaktisches Design an der Universität von Dresden. Er war in einer fremden Familie untergebracht, bekam einen neuen Namen und niemand in der Familie konnte je eine Aufklärung bewirken vor seinem Tod.

Ich fand nach langer Straßenkinderzeit und Zeit in einem Kinderheim über die Regierung der DDR die Familie meiner Tante im heutigen Chemnitz wirklich. Auch wenn es mir nicht gut ging und ich nicht immer so gepflegt aussah wie heute, sagte die Familie mit ihrem Reichtum ja zu mir. Man glaubte daran, dass man das schon schafft, so ein Kind groß zu ziehen.

Wenn jemand meint, so leben zu müssen wie meine Familie, dann würde ich fragen, was opferst du. Ich überlege dabei, was ich alles opfern müsste, um in meine Heimat zurück zu kehren und denke dabei, dass ich das ohne Krieg nicht schaffen würde. Soll ich nun meine Heimat opfern oder den Frieden?

Herr unser Gott, lass mich nach Wegen suchen, dass die Opfer nicht meine Kraft übersteigen.

Amen

Alles allen gemeinsam

Herr unser Gott, das Thema erinnert mich an die fragwürdigen Vorstellungen des Kommunismus in der DDR. Man wollte alle Bedürfnisse immer besser befriedigen. Wir schauen auf solche Gesellschaften ein wenig besorgt. In der DDR haben wir erfahren, dass es ewige Schulden gab und die Häuser der Gemeinschaften für alle verfielen. Wer wollte nicht lieber zu einem Gartenfest gehen als bauen und putzen? Wer saß nicht lieber in den Veranstaltungen der Parteien oder der Jugendorganisationen? Man kann heute das Gleiche erleben in Kirchen. Man kann statt seiner Arbeit lieber alles machen, was nicht Arbeit ist. Allen alles gemeinsam und ich käme mir blöd vor, wenn ich dann überhaupt noch arbeite für Geld, das andere nutzen möchten? Ich finde, ich würde das nicht mitmachen.
In der Nachwendeerfahrung sehen wir: Allen alles gemeinsam sagte man auch in der DDR, aber das Militär hat sich dabei immer ein wenig besser gestellt. Mich erinnert gerade ein solches Thema an die Phrasen der DDR.
Herr, unser Gott, bewahre uns davor, dass wir solchen Forderungen von „alles gleich" unterliegen.

Amen

Gott ist solidarisch

Herr unser Gott, du kannst es dir offenbar leisten, solidarisch zu sein. Ich stoße dabei an meine Grenzen. Da wurde mein Auto geklaut und macht mir Schaden von 3900 Euro. Da muss ich für den Neuankauf hart zahlen und ich hätte lieber für den Umzug in meine Heimat gespart. Da klaut man mir Filme für meine Kunstkarten

und ich gehöre zu denen, die lieber arbeiten als sich als behindert betreuen zu lassen. Ich gehöre zu denen, deren Leben übermäßig hart war und die man deswegen oft verspottete. Ich bin der heutigen Zeit zu wenig brutal. Ich danke dir Herr unser Gott, dass du mir solidarischer wirst, wenn ich bei all den Problemen der Deutschen und in derer Rechtsverletzungen kriegerisch zurück schlage. Die Waffen, mit denen die Offiziere meiner Mutter auf das falsche Geburtsdatum meines Bruders hinweisen sollten mit Böllerschüssen, schleppten Katholiken nach Polen unter dem Polenpapst und nutzten sie später kriegerisch.
Herr unser Gott, du bist solidarisch. Deine Christen aber versagen in Geldgier und Machtansprüchen, in egoistischem Verhalten, in den Wünschen nach Repräsentation und in der Ehrlichkeit.
Herr unser Gott, ich danke dir, dass es mir gelingt, das zuzugeben.

Amen

Erntedankfest in der Johanniskirche in Zittau

Befreit zum Widerstehen

Gebete zur ökumenischen Friedensdekade 2014 in Zittau

Friedlich Widerstehen

Herr unser Gott, mache mich stark.
Wir hören oft, dass man den Fall der Mauer als eine friedliche Revolution bezeichnet. Sicher musste das Militär der DDR nicht schießen. Aber ich schaue auch auf die Zeit danach. War alles Organisieren nicht auch Streben der Kirche nach Macht? Die deutsche Kanzlerin ist Tochter eines Pfarrers. Der deutsche Bundespräsident war früher Pope. Als Elisabeth III. denke ich oft nach über den Gebrauch von Macht und das Stellen von Fragen dazu. Mit dem in Folge von Ratschlägen anderer von mir gewählten Weg über die Gerichte in Den Haag, Strasbourg und Genf in den Fragen von Menschenrechten lässt sich Karrierestreben oft begrenzen. Man kann als Vertreter mit eigenem Militär seine Macht missbrauchen. Ich denke dabei an mich und den Wunsch, Macht und Stärke zu zeigen.
Herr unser Gott, mache mich stark, dem zu widerstehen.

Amen

Sag Gutes an

Herr unser Gott, mache mich stark.
Wie in jedem Jahr entsteht das erste Manuskript zu den Gebeten der Friedensdekade des Jahres 2014 im Vorjahr so zwischen Weihnachten und dem neuen Jahr 2015, in

dem sie dann tatsächlich in meinem Eigenverlag erscheinen.
Meine beiden Kinder sind zu Besuch und mein Schwiegersohn und ich höre mir an, was sie erzählen. Mein Sohn erzählt von seiner vielen Arbeit, der Sicherheit dauerhaft angestellt zu sein in Merane in Sachsen und mit dem Weihnachtsgeschenk für mich von seinen neuen Möglichkeiten. Mein Schwiegersohn, der äthiopischer Staatsbürger ist, konnte in seiner Ausbildung von seinen anfänglichen Studien in Biologie in die Fachrichtung Medizin der Universität Düsseldorf wechseln. Meine Tochter bekommt einen befristeten Arbeitsvertrag an einem Institut nahe Köln ab Januar 2015 um vier Jahre verlängert. Bei all den Problemen, die man sonst so sieht, ist es dann nicht schwer Gutes anzusagen.
Aber ich denke auch ein wenig an all das, was ich in meine Kinder investierte. Möchte man sie nicht öfter um sich haben? Ich könnte Forderungen stellen, die ihr Vorwärtskommen beeinträchtigen. Ich könnte unzufrieden werden, wenn ich für Zusammenleben andere Bezugspersonen wählen muss als meine Kinder. Ich könnte, bei all dem Guten anfangen zu meckern.
Herr unser Gott, mache mich stark dem zu widerstehen.

Amen

Gottes Namen nicht missbrauchen

Herr unser Gott, mache mich stark.
Wir sollen Gott dem Herrn dienen, ihn mit Liedern und Musik loben, ehren und seinen Namen preisen. Es ist der Weg des Herrn, der uns durchs Leben führt. Es ist das Geschenk Gottes, wenn er uns Menschen schenkt - Eltern, Kinder, Verwandte, Freunde, Arbeitskollegen

und Kampfgefährten - die unser Leben begleiten. Aber auch Feinde, Gegner und Menschen, die an sich denken, begegnen uns. Sie alle können uns stärken und werden uns beschränken in unseren Wünschen. Oft ist es dabei schwer zu unterscheiden, was dein Wille ist, oh Herr unser Gott. In all den neuen Möglichkeiten unserer Zeit könnten wir unsere eigenen Wünsche mit deinen Werken verwechseln. Wir könnten daran verzweifeln, das nicht eindeutig erkennen und unterscheiden zu können.
Herr unser Gott, mache uns stark, dem zu widerstehen.

Amen

Die Waffenrüstung Gotte

Herr unser Gott, mache mich stark.
Wir bitten um Frieden. Das Leben aber ist für mich Krieg. Da kaufe ich mir einen ziemlich teuren, Messe neuen, modernen Computer und die Fachhochschule holt ihn sich in Wohnungsdurchsuchungen zum Ausschlachten zum besseren Arbeiten für Karriere eben nazideutscher Bürger und sich krankhaft benachteiligt fühlender Juden.
Für mich ist das Krieg.
Da möchte ich Vorwärtskommen mit meinen Sprachkenntnissen in meiner Muttersprache und dieses Sozialamt stellt dem Zittauer Rektor ein ungebildetes Dupel für die Prüfungen an der Uni in Dresden zur Verfügung, was mir auch noch ziemlich ähnlich sieht, bloß nicht Englisch spricht.
Für mich ist das Krieg.
Da möchte ich mich um Arbeit bewerben als Lehrerin, aber die abiturlose Pfarrfrau in langweiliger, nicht überzeugender Christenlehre lässt über die CDU die Post

abfangen. Sie will als schreiende Frau in den Demonstrationen viel geleistet haben.

Für mich ist das Krieg.

Da will mir eine frühere Hure im sozialen Begleitservices der deutschen Regierung die Wäsche abnehmen und setzt die Wasserzufuhr meiner Waschmaschine außer Betrieb. Ich würde diese dominante Hure nie wählen als Haushaltshilfe in einer Einraumwohnung.

Für mich ist das Krieg.

Da will mich eine Nachbarin mit ihrer Familie als behindert betreut haben, damit man nicht ermittelt, was sie und ihre immer arbeitslosen Kinder alles klauten. Da will man Zugriff auf Renten erpressen.

Für mich ist das Krieg.

Da wollen andere Arbeitslose mit dem Hintergrund politischer Parteien aus meinen bescheidenen Urheberrechten als Autorin in Freiberuflichkeit etwas machen, was sie vermarkten können unter dem Namen anderer.

Für mich ist das Krieg im Wechsel der Rechte unterschiedlicher Gesellschaftsordnungen.

Man will mir seine Vorstellungen aufzwingen, seine Meinung, seine Forderungen, seine Lügen. Bloß ich war das Lügen nicht gewöhnt. Ich sage in den Gerichten in Den Haag, Straßburg oder Genf nicht mal das und dann jenes. Man wollte seine Verträge nicht halten, man will Foltern und Töten, statt sich der Rechtsordnung Europas zu beugen.

Herr unser Gott, mache mich stark, dem zu widerstehen.

Amen

Rauswurf

Herr unser Gott, mache mich stark.
In der Ankündigung des Themas lese ich: „Volkskirche ist für alle offen! Auch für die Institution Bundeswehr. Hausrecht für Feldjäger, adventliche Militärkonzerte, Militärwerbung auf Kirchentagen, staatliche Militärseelsorge in Kampfanzügen ...“ Eigentlich bin ich an Uniformen gewöhnt. Getauft in einer königlich belgischen katholischen Militärkirche in Ökumene zur englischen Staatskirche wuchs ich in Deutschland in einer protestantischen, evangelisch-lutherischen Familie auf, die die Militärseelsorge des Gustav - Adolf - Werkes bis in den Tod hinein achtete. In meiner Heimatkirche wäre Rauswurf solcher Leute das Ende der Kirche und niemand käme auf so eine Idee. Sie werden dort gebraucht zum Schutz des Reichtums Kirche. Man erkennt das Militär vorher und kann sich darauf einstellen in seinem Verhalten und in Demut.
Schwerer aber ist das geworden, seit man die Mörder, Kriminellen und Verbrecher mitten unter uns Christen hat. Langt der Mörder meines Bruders nicht auch nach dem Messer gegen mich? Möchte der Mörder am Pfarrer- Ehepaar Adolf nicht noch mal schießen?
Ich gehöre so einer deutschen Volkskirche als Christ nicht an, aber wie bewältigen das deutsche Kirchen?
Herr unser Gott, mache mich stark, dem zu widerstehen.

Amen

Müde geworden

Herr unser Gott, mache mich stark.

Müde geworden in meinen fünfzig Jahren Dienst in Deutschland bin ich nicht. Ich habe ihn gut und erfolgreich überlebt. Zu den Armen unserer Gesellschaft kann ich mich nicht zählen, auch wenn mich die deutsche Rechtsordnung stark einschränkt. Als Kind einer Königin eines anderen Landes kann ich mir in Deutschland keine Häuser kaufen und an deren Verwalten verdienen. Für meinen Wohnbedarf muss ich mieten. Ich konnte ausgebildet als Lehrerin nur manchmal unterrichten, wenn man mich zufällig brauchte. Das schränkt ein. Aber es gibt viele Möglichkeiten zum Ausweichen. Das Kapital Urheberrechte, welches ich bildete, das nimmt man in Europa mit von Land zu Land. Es ist nicht vollstreckbar. Aber es bleibt die Versuchung, das Kapital falsch einzusetzen wie bei allen Formen von Kapital.

Herr unser Gott, mache mich stark, dem zu widerstehen.

Amen

Wünsche Gutes

Herr unser Gott, mache mich stark.

Wie überall wünschen wir Gutes zum Jahreswechsel, zu Weihnachten, zum Geburtstag. Aber wir wissen dabei, dass das auch nicht einmal alle Menschen in den unterschiedlichen Religionen so machen. Ich frage mich, was ist gut für mich, was ist das Gute? Gut kann sein, wenn ich mich durchsetze, gut kann sein, wenn ich mich demütig unterordne. Was für mich gut ist, das kann anderen schaden. Was ich durch setze, kann gut sein und es kann andere sterben lassen. Ich könnte nachgeben, wo

ich mich durchsetzen müsste. Man kann seine Schuld höchstens wählen. Ich wäge meist gut ab. Aber ich könnte auf all das Abwägen verzichten wollen und viel zu viel riskieren.
Herr unser Gott, mache mich stark, dem zu widerstehen.

Amen

Friedensfürst

Herr unser Gott, mache mich stark.
Man kennt die Fürsten der Deutschen aus den Kriegen, aus bewaffneten Auseinandersetzungen, aus Streitigkeiten um Land, um Besitz, um Vorrechte und die Gunst der Könige.
Man möchte nicht daran glauben, dass es das gibt, Frieden zu stiften.
Man schaut oft auf die Summe des Verzichtes für Frieden, auf die möglichen Nachteile und auf all die Verdienstausfälle. Das könnte für alle zu Kriegen führen.
Herr unser Gott, mache mich stark, dem zu widerstehen.

Amen

Frieden – Macher

Herr unser Gott, mache mich stark.
Frieden - Macher gibt es das? Bei den Wörtern „Frieden und Macher“ da denke ich an das, was man heute handelsüblich von der friedlichen Revolution also vom Mauerfall um die DDR erzählt. Da gab es keine Toten. Niemand in Deutschland hat auf Deutsche geschossen. Ich denke an die Rufe der Deutschen „Wir sind das Volk“.

Aber fünfundzwanzig Jahre nach den friedlichen Demonstrationen, die man als Revolution bezeichnet, hatten wir auch die Wohnungskontrollen, das Gleichverteilen, das neue Aufstreben der Geheimdienste, die Kämpfe um politische Macht der Parteien und unsere Machtlosigkeit im Wahren von Recht. Wir erfahren die immer stärkere Bewaffnung jedes Einzelnen, den Ausbau des Waffenhandels etwa der Deutschen oder der Polen, die Zahlen der Statistik wissenschaftlicher Institute in Deutschland nach der jeder zweite Deutsche statistisch bewaffnet ist. Wir sehen die Zerstörungen in den Kriegen beim Zerfall der Sowjetunion. Man möchte an so viel Zerstörung verzweifeln.
Herr unser Gott, mache mich stark den zu widerstehen.

Amen

Gemeinsam widerstehen

Herr unser Gott, mache mich stark.
Vor einigen Jahren habe ich in Füssen in Bayern gekellnert. Ich hatte eine Arbeitsstelle, in der ich Sportler im Eishockey bedienen durfte zu den Juniorenweltmeisterschaften. In so einem harten Kampfsport konnte ich ihnen nicht helfen, bei mir konnten sie nur gut essen. Ich habe ihnen gezeigt, dass sie bloß miteinander reden dürfen als Mannschaft und schweigen und zuhören müssen, wenn der Trainer redete. Ich kannte nicht einmal alle Spielregeln des Kampfes. In Erinnerung an den Fall der Mauer um die DDR zündete ich Kerzen an vor jedem Spiel, um an einen fairen Kampf zu erinnern. Gemeinsam konnten so die Sportler der französischen Nachwuchsmannschaft, der Angst widerstehen zu verlieren. Sie wurden Weltmeister. Die Gemeinschaft hatte sie

stark gemacht. Man möchte daran glauben, dass Gemeinschaften stärker sind.
Aber heute gerade erleben wir auch oft, dass sich Gemeinschaften verzetteln und verlieren in den Problemen unserer Zeit. Als Einzelner bin ich in den Fragen der Nutzung all meiner Gelder des Verdienstes weiter gekommen als viele Gemeinschaften mit Helfen und Teilen. Leicht aber kann man sich dabei überschätzen.
Herr unser Gott, mache mich stark, dem zu widerstehen.

Amen

Befreit

Herr unser Gott, mache mich stark.
Seit dem Fall der Mauer um unsere DDR sind wir frei. Wir können gehen und reisen, wohin wir wollen. Aber haben sich mit der so eroberten Freiheit nicht auch bloß alle unsere Probleme, Sorgen, Fragen geändert? Würden wir wirklich gehen, wohin wir wollen aus Sicherheit und Unsicherheit heraus? War in der DDR nicht die Mauer das Maß der Grenze und ist das Maß der Grenze nicht heute das Geld oder die öffentliche Meinung? Ich gehöre zu denen mit Verdienst, Rentenversicherung, Einnahmen, Erfolgen. Mir macht die Freiheit Spaß. Es kann sein, es sind wenige Schritte und man hebt von der Realität neuer Grenzen ab.
Herr unser Gott, mache mich stark dem zu widerstehen.

Amen

Grenzerfahrungen

Gebete zur ökumenischen Friedensdekade im Jahre 2015 in Zittau nach der Vorgabe deutscher Kirchen

Eine Arbeitsgruppe mit Vertretern deutscher Kirchen erarbeitete elf verschiedene Themenvorgaben zum Gesamtthema „Grenzerfahrungen". Grenzerfahrungen - das sind solche Erfahrungen von Krieg und Frieden, von Liebe und Hass, von Freunden und Feinden, die in einer Welt ohne Mauern und Grenzen alle miteinander teilen.

Ohnmacht
Was ich tun kann
Salz sein
Einladung an Widersacher
Vertrauen
Band des Lebens
Mauer
Deutsch – Französische Begegnung
Einhalt und Einsicht
Mich aufmachen
Bleiben dürfen

Die Autorin sieht die immer größer werdenden Unterschiede zwischen ihrem Leben und dem von Gemeinden, Arbeitslosen, Hilfsbedürftigen, zu ihren eigenen Vorstellungen und Möglichkeiten. Mit dem, was sie als Elisabeth III. vor Gott dem Herrn bringen würde, kann man sich gerne auseinandersetzen. Man lernt dabei mehr über das, was es in Europa auch gibt. Besonders im Jahr 2015 erinnerte die Friedensdekade an die Lich-

terketten für Frieden in der Zeit der Demonstrationen im Osten Deutschlands zum Fall der Mauer.
Mit den möglichen eigenen Gedanken und Gebeten, die die einzelnen Themen ergänzen können, konnten die Besucher der Friedensdekade im Altarraum der Kirche Lichter anzünden.

Ich bitte Gott, den Herrn und zünde ein Licht an
für meine eigene Familie, die sicher zu den kompliziertesten in unserer modernen Zeit gehört, wenn ein Mitglied unserer Familie seit 1952 Königin im Vereinten Königreich von Großbritannien und Nordirland ist und das in Europa liegt.
Ich billige dabei das Recht der Familie jedem zu und stelle mich all den Herausforderungen meiner eigenen Familie. Herr unser Gott, ich bitte dich darum, erhalte meine Familie.

Amen

Ich bitte Gott, den Herrn und zünde ein Licht an
für alle die, die mit ihrem Wirbel beim Öffnen der Unterlagen der Stasi der DDR mich darauf aufmerksam machten, dass ich mich um die Verträge, unter denen ich in der DDR und im Nachwendedeutschland lebte von 1954 bis zum Jahre 2004 selber kümmern muss im Zusammenbruch der politischen Strukturen der Gesellschaft der DDR.

Amen

Ich bitte Gott, den Herrn und zünde ein Licht an
für alle die, die das Öffnen der Unterlagen der Stasi der DDR, die danach beginnenden gesellschaftlichen Veränderungen und vor allem die neue größere Freiheit und

deren Folgen nicht überlebten. Dazu gehören auch das Ehepaar Hanna und Friedrich Ebert in Chemnitz, der Professor für Didaktik und didaktisches Design der Universität des Saarlandes, der Universität Freiburg und der Universität Dresden Norbert M. Seel, der Vertreter in der Regierung der DDR für diese Fragen meiner Herkunft Herr Rudolf Himpich und etliche Schüler aus meiner Lehrerzeit in Zittau.

Amen

Ich bitte Gott, den Herrn und zünde ein Licht an
für alle die, die unter meinen Unterschriften in den Gerichten in Den Haag, Straßburg und Genf leiden, weil sie vorher an der Thematik meiner Herkunft gearbeitet haben und damit die Königshäuser in Europa abschaffen wollten, um gleich zu verteilen oder um selber als Könige zu leben, aber nichts dergleichen erreichten.

Amen

Ich bitte Gott, den Herrn und zünde ein Licht an
für alle die, die sich in den Waffengeschäften beim Öffnen der Unterlage der Stasi der DDR täuschen ließen von Offizieren, Pfarrern, Lehrern, Ärzten oder von um Macht strebenden Personen aus dem auf Demonstrationen vor dem Fall der Mauer schreienden, gewöhnlichem Volk.

Amen

Ich bitte Gott, den Herrn und zünde ein Licht an
für alle die, die aus Angst zu schweigen, in ihren Dienstaufträgen falsche Informationen verbreiten.

Amen

Ich bitte Gott, den Herrn und zünde ein Licht an für alle die, die sich bloß mit falschen Hoffnungen dem Leben stellen können aus Angst vor aller gesellschaftlichen Realität.

Amen

Ich bitte Gott, den Herrn und zünde ein Licht an
für alle Christen, die irgendwann einmal der Zittauer evangelischen Kirchgemeinde angehörten, aber deren Spendenforderungen, Abgabeleistungen nicht erfüllen konnten und lieber eigene Kirchengruppen gründeten, die in unserem Umfeld ihre eigenen Konfessionen und Vorstellungen von Gemeinden und Gemeinschaft wahren. In dem, was man Ökumene nennt, sind sie dann einfach nicht mehr vertreten.

Amen

Ich bitte Gott, den Herrn und zünde ein Licht an
für alle, die ihre gigantischen Hausbauten und ihre Vorstellungen von zukünftigem Reichtum nach dem Fall der Mauer ausleben konnten und sich dabei überschätzt haben in den Problemen von Arbeitslosigkeit und Vollstreckungen bei Zahlungsschwierigkeiten. Lass sie zurück finden in die Realität deutschen Alltags oder nimm sie zu dir Herr unser Gott.

Amen

Ich bitte Gott, den Herrn und zünde ein Licht an
für alle, die den Deutschen vertrauten in Einhaltung ihrer Verträge und dabei getäuscht wurden wie ich.

Amen

Kirchengestaltung zu Taize-Gesängen

Ich bitte Gott, den Herrn und zünde ein Licht an für alle, die mit völlig falschen Vorstellungen nach Deutschland oder Europa einreisen und erst hier christlichen Alltag lernen oder immer wieder auf die Kämpfe unterschiedlicher Religionen und auf alltäglichen Rassismus stoßen.

Amen

Kriegsspuren

Gebete zur ökumenischen Friedensdekade in Zittau vom 6. bis 16. November 2016 nach den Themenvorgaben deutscher Kirchen

Die entworfenen Gebete sind die Vorstellungen der Autorin zum vorgegebenen Thema. Die Unterschiede zu den verschiedenen Konfessionen sind offenbar nicht überbrückbar. Als Elisabeth III. ist die Autorin der Englischen Kirche zuzuordnen. Die Könige aber betreiben ihre eigene Kirche und sind nicht Mitglied irgendwelcher Kirchen. In den Kirchen der Könige oder ihrer weiblichen Kolleginnen entstehen Lehrvorgaben und Segnungen in Krieg und Frieden.
Guter Gott, höre unsere Worte in deiner Gerechtigkeit
Amen

Die Kraft des Wortes

In den Gemeinschaften der Studentengemeinde meiner Studienzeit lernte ich: „Ihr seid das Salz der Erde." So haben wir uns tatsächlich gesehen. Ich habe geschaut, was man als das Salz der Erde wirklich schafft in lokalen Kirchgemeinden am Wohnort, in Flüchtlingslagern, in den Folgen der Kriege in Kroatien im früheren Jugoslawien, in Arbeitsverträgen im Westen Deutschlands und in vielen Reisen zwischen London, Den Haag, Straßburg und Genf.
Heute aber schaue ich auf die Folgen der Kriege der unterschiedlichen Religionen. „Was aber, wenn das Salz der Erde schal wurde"? Beim Wideraufbau zerstörter Städte in solchen Regionen, in denen heute Häuser, Arbeitsplätze oder einfach Heimat vernichtet werden, wird

man nicht Worte brauchen, sondern Taten. Aber gehen nicht doch allem voran die Worte der Einigung?
Worte vernichten, Worte trösten oder sie verrinnen einfach im Sand. Wenn die Verträge, denen ich in Deutschland unterlag als Worte gelten, dann waren sie sinnlos.
Gerechter Gott, du hörst meine Worte.

Amen

Krieg

Die DDR lehrte, dass Kriege das Fortsetzen der Politik mit militärischen Mitteln sind. Für mich ist Krieg das Ende der Politik. Zu den Kriegen gehören die Verbrechen der Spione der Parteien und Religionen bei den Einbrüchen in meine Wohnung, beim Überwachen meines Computers, meiner Konten. Man muss Politik voransetzen, um zu betrügen. Welchen Stellenwert sollte man der Politik also nicht zubilligen? Eines wäre die Massenbeteiligung im Schreien mit Worten. Und führt nicht der kriminelle Anteil der Politik immer wieder zum Krieg? Eine frühere Bekannte sagte: In solchen Fragen wurde mein Sohn abgeschossen. Sie würde nie sagen, er hatte illegal erworbene Waffen zum Töten dabei.
Die Lügen oder ganz einfach falsch gesetzten Worte führen also immer wieder zu Streit und zum Krieg.
Gerechter Gott, du hörst meine Worte.

Amen

Nicht töten

Nicht töten wollen wäre dann Schwäche. Nicht töten kann Glaubensgrundlage sein. Zahn um Zahn meinen die Juden in meinem Umfeld. Nicht töten? In der Bibel steht: „Ihr werdet die Wahrheit erkennen und die Wahrheit wird euch frei machen."
In der Zeit der DDR haben wir dabei noch gelernt, es kann auch sein, dass man dann frei wird zum Sterben. Ich meine, das gilt auch heute. Wenn ich mir mit viel Mühe und Verzicht Gleichheit zu anderen Frauen der evangelischen Kirche baute und im Öffnen der Stasi - Unterlagen steht da, das ist ein Kind Elisabeth II. im Besatzungsrecht in der DDR, dann kann so eine Erkenntnis weh tun. Für viele früheren Bekannten zerbricht dabei ohne Diktatur alle Lebensgrundlage, die ich Nazigleichheit nennen möchte. Viele haben von dem profitiert, was man nicht wusste.
Inzwischen erfährt jeder, was man mit der neuen Erkenntnis genetischer Unterschiede nicht zugeben wollte. Mit solchen Erkenntnissen stirbt man oft von selbst. Man muss nicht töten.
Gerechter Gott, du hörst meine Worte.

Amen

Gewaltverzicht

Habe das nicht ich gewählt? Nicht ich bin es, der Waffen gefordert hat. Aber ich wollte zurück kehren in meine Heimat auf den von den Deutschen versprochenen Dienstweg mit meinem beweglichen Eigentum. Nicht ich bin es, der in anderen Wohnungen kontrolliert und sucht, wenn niemand da ist. Schon der Aufwand, mir Nachschlüssel zu beschaffen, wäre mir zu hoch. Aber

Gewaltverzicht schließt auch das Recht anderer ein. Meine Eltern Ihre Majestät Königin Elisabeth II. und der Herzog von Edinburgh Prinz Philip haben das Recht, mir Waffen zu schicken als ihr Erbe oder heute als ihr Geschenk. Es ist nicht das Recht von Kirchen, Parteien oder Privatpersonen solche Waffen abzufangen, für sich und ihre Kinder zu nutzen und weiter zu geben. Waffenbesitz allein ist noch nicht Gewalt.
Die Gewalt entsteht erst durch die Bereitschaft, Waffen einzusetzen für seine eigenen Ziele.
Gerechter Gott, du hörst meine Worte.

Amen

Aus dem Frieden vertrieben

In meiner Erinnerung an die frühe Kindheit in der Burg von Dover war das Leben dort schön. Der Zweite Weltkrieg war zu Ende und es war Frieden. Ich hatte Kriegsgefangene, denn wir waren Sieger in diesem Krieg geworden unter meinen Eltern, die immer wieder viel zu viel arbeiten mussten. Aber auch ich musste helfen, Geld zu verdienen. Man schmiedete Pläne, nutzte Vorräte und sparte. Ich wurde als Soldat vereidigt. Welcher Dienstauftrag könnte mir so viel Geld bringen, dass ich, wenn mich mein Volk braucht, Königin werden kann? Der Dienstauftrag als Kindersoldat der Briten führte mich nach Deutschland. Dort lebte eine Schwester oder Halbschwester Elisabeth II. und ich wurde also aus meiner Burg vertrieben und weggeschickt zum Dienst für fünfzig Jahre. In meiner Erinnerung war das Leben in meiner Burg der Frieden meiner Kindheit. In Deutschland war das Leben vom Kämpfen gezeichnet als Straßenkind und in der DDR in den Kämpfen von Kirche und Staat, in denen ich mitten drin stand.

In der Ehescheidung wurde ich aus dem Haus der Familie Rausch vertrieben durch Gerichtsbeschluss. In alle dem aber wählt man mit, was wie für einen weiter geht. In den Gastronomie – Arbeitsverträgen, die ich schließen konnte im Westen, sah ich einige meiner Kriegsgefangen wieder. Sie kannten den Rummel um mich als Kind Elisabeth II. noch.
In aller Vertreibung aber schützt Gott der Herr trotzdem. Ich danke dem Herrn dafür.
Gerechter Gott, du hörst meine Worte.

Amen

Leben für Freunde

Wenn man in Europa in einem Palast wohnt, dann bekommt man seine Freunde zugeordnet aus den Familien, die das Palastleben stärken. Wenn man auf der Straße lebt als Straßenkind, dann hat man keine Freunde. Da sind der Neid und der Kampf um Nahrung so groß, dass man sich immer wieder verliert. Wenn man in Europa bürgerlich in einer Familie aufwächst, dann muss man sich meist seine Freunde selber suchen. Manchmal wie im Palastleben sind die Freunde gebilligt, und manchmal eckt man damit in den Familien an. Das Zusammenleben mit Freunden, welches man noch so locker nimmt, kann einen ein Leben lang verfolgen. Aber man wird auch wissen, wie wichtig einem die Freunde sind und waren. Was hätte ich als Kind gemacht im weiten Palast von Winsor ohne meine Freunde, wenn die Eltern viel Arbeit und noch mehr Dienst haben für ihr Volk. Wie sahen danach beim Start in Deutschland meine Straßenkinderkollegen aus? Was wurde aus ihnen? In der DDR – Zeit später schob die Regierung der DDR viele unserer Freunde in den Westen Deutschlands ab.

Man traf sich selten und erst nach dem Mauerfall wieder. Manche, mit denen man sich verbunden fühlte, haben die Zeit nach dem Mauerfall und den beginnenden Ost - West – Austausch nicht überlebt. Man war nicht vorbereitet auf die vielen Morde, Tötungen und Todesursachen unter jungen, jüngeren Mitmenschen und Berufskollegen. Für seine Freunde leben ist ein edles Ziel. Aber ich bin Elisabeth III., und ich stelle Machtansprüche, arbeite viel und bin sehr streng. Es gibt Kriege, und jeder muss für sich bedenken, ob er sich so eine Freundschaft leisten kann. Für Freunde Leben bedeutet nicht, dass ich das Sozialamt bin. Aber man liebt die gemeinsamen Mahlzeiten, die gemeinsamen Gottesdienstbesuche und das Schwatzen mit Freunden zu jeder Zeit. Leben für Freunde kann unbezahlte Opfer fordern. Man kann seinen Tod annehmen in Beziehung zu ihnen, man kann mit ihnen mit sterben. Es gibt Hoffen auf Wiedersehen. Man kann an Gräbern stehen und trauern. Auch heute noch kann jeder seine Freunde verlieren.

Manchmal nutzt sich Mühe geben einfach nichts und Freunde werden nicht erreicht oder eben getrennt.

Immer wieder legt man sein Leben und das seiner Freunde bei Abschieden in Gottes Hand.

Gerechter Gott, du hörst meine Worte.

Amen

Versöhnen

Sich mit seinen Feinden versöhnen, das ist ein hartes Geschäft. Immer wieder liegt dazwischen die Schuld. Ich bin als Kind aufgewachsen mit den Filmen der Briten beim Öffnen deutscher Konzentrationslager. So vorbereitet auf meinen Weg 1954 nach Deutschland musste ich die Deutschen sehen. Dazu war man fähig und so

hart wurde es auch in den Streitigkeiten zwischen Siegern und Verlierern eines Krieges am Anfang. Dann in der Familie Friedrich und Hanna Ebert kam alles viel, viel besser als ich das erwarten konnte. Es ging gepflegt zu in allen Mahlzeiten. Ich konnte Schule besuchen und studieren.
In der Wiedervereinigung Deutschlands entstehen die Probleme von Krieg, Kriegsschuld und Versöhnen immer wieder neu. Kriegsschuld oder Mord vergibt man nicht. Für Mord bekommt man zwar bloß zehn Jahre Knast und manchmal noch mit Freigang, aber verständlich wird auch, wenn man Mord mit Mord vergelten möchte. Versöhnen und man lässt sich dann alles gefallen, das wäre Schwäche. Sicher sehen Bibel und Abendmahl Vergebung und damit versöhnen vor, aber muss man nicht an den Konflikten arbeiten, die Schuld hervor bringen oder verhindern? Ich bitte Gott den Herrn, dass er mich wenigstens mit meinem sicher harten Schicksal versöhnt.
Gerechter Gott, du hörst meine Worte.

Amen

Unter Gottes Schutz

Meine Familie, meine Freunde und ich stellen sich gerne unter den Schutz Gott, des Herrn. Man kann damit viel erreichen. Ihre Majestät Königin Elisabeth II. wurde im Schutz und im Einklang mit Gott, dem Herrn Königin 1952 und regiert seitdem über das Vereinte Königreich von Großbritannien und Nordirland in Frieden. Alle Feinde konnte man rechtzeitig abwehren. Es ist beeindruckend, wenn man sieht, wie das eine Frau so schafft. Als Elisabeth III. folge ich ihrem Thron. Es kann sein, dass ich Königin werde und es kann sein,

dass ich mein Leben bloß für andere Thronfolger eingesetzt habe. So trägt man ein Land und eine Regierungsform. Man kann leben, reich werden und sterben.
Bloß unter dem Einklang und dem Schutz Gott, des Herrn, dem Halten und Achten seiner Gebete und seiner Gebote wird man schaffen, dass dabei Frieden bleibt. Das gilt nicht einmal für alle, aber eben für mich.
Gerechter Gott, du hörst meine Worte.

Amen

Wie finde ich eine gerechtere Welt?

Nach einer gerechteren Welt kann man nicht suchen. Man kann an ihr höchstens mit bauen. Dabei muss man wissen, wie klein und winzig man ist im Getriebe der Welt. An den Wünschen und Hoffnungen, die alle nicht unbedingt in Erfüllung gehen müssen, kann man verzweifeln. Für mich ist eine gerechte Welt eine Welt ohne Krieg. Auch in meinem Umfeld aber haben viele gelernt zu töten. Töten ist dabei Abschreckung für die einen und Stärkung für die, die dafür eine Lizenz haben. In Deutschland möchte man in der Rechtsordnung den Paragraphen zur Majestätsbeleidigung abschaffen. Man bekommt dann Kirchenpampel als Pfarrer, Organhändler als Ärzte und Lehrer sind ohnehin doof.
Eine bessere Gesellschaftsordnung braucht vielleicht Anstand, Liebe, Verantwortung, Respekt und Demut. Eine gerechtere Welt baut man, in dem sich jeder in diesen Tugenden übt.
Gerechter Gott, du hörst meine Worte.

Amen

Krieg heißt, es ist zu spät

Mitten in Europa fiel 1989 die Mauer um die DDR, dem Teil Deutschlands, der russisch besetzt war nach dem Zweiten Weltkrieg. Es entstanden mehr Freiheit für die Leute aus Ostdeutschland und viel mehr Möglichkeiten als früher. Alle Bestrebungen, die zum Mauerfall führten, waren aber auch Streben nach mehr Macht, mehr Reichtum und mehr öffentlichem Bekanntwerden. Nach dem Mauerfall wollten meine genetischen Eltern den Reichtum für mich mehren und mir übergeben, wofür auch sie gespart hatten. Meine Mutter ist Königin in Europa, mein Vater Herzog von Edinburgh.

Unser DDR- Umfeld bestand meist aus Menschen, die in der DDR unseren Schutz bedurften wegen Wehdienstverweigerung, wegen Kirchenzugehörigkeit, Ausreiseanträgen oder wegen fehlender Kontakte zur Regierung der DDR. An vielen Stellen fiel für mich Familie, Kirche und Frieden zusammen mit meinem komplizierten Dienstauftrag für fünfzig Jahre zur Tilgung von Kriegsschuld und natürlich im Besatzungsrecht gegen die Deutschen. Krieg heißt nämlich auch, dass man sich nicht mehr langweilig alltäglich benehmen will.

Die Briten für meinen Schutz wurden von den Deutschen getäuscht, überfallen und nach Tschechien verschleppt in meinem Falle. In den vielen meiner Anfragen an die Täter in Kirche und Gesellschaft hatte man keinen Klärungsbedarf. Man setzte die Waffen ein zur Verteidigung in Einsätzen mit fragwürdigen Auftraggebern, zum Einziehen von Erbschaften, zur Vertreibung von tatsächlichen Erben. Man tötete. Das ist Krieg.

Unter mir hätten die Deutschen, die Tschechen und die Polen Waffenbeute gemacht, genutzt und eingesetzt. Es ist zu spät, das abzustreiten. Keine der Waffen, in mei-

nem Falle mit roten Rubinen besetzt, kamen je bei mir an. Keine der Waffen für die Ausstellungen für meinen Bruder im Mandelbachtal bei Saarbrücken oder für die Schwester Elisabeth II. bekam ich je zu Gesicht. Meine Eltern wollten mit ihrer natürlich viel ärmeren Familie teilen, abgeben und weiterhelfen. Jede Spende im Krieg an Hilfsorganisationen soll helfen. Wenn Krieg ist, dann ist es zu spät? Ich denke, das ist wahr. Wenn den Preis für Frieden immer wieder der zahlt, der Frieden will, dann wählt man besser Krieg. Bloß eben kann man dabei nicht meine Waffen nutzen, sondern registriert sich unter seinem eigenen Namen ehrlicherweise für Kampf.
Herr unser Gott, wir bitten um Frieden. Lass uns mutig sterben, wenn du Krieg wählst gegen die verkommenen Menschen, die man mitunter auf unserer Erde findet. Lass uns tolerant und offen bleiben für das Leben in Frieden.
Gerechter Gott, du hörst meine Worte.

Amen

Ein Kind

Wenn ein Kind sich ankündigt im Bauch der Mutter und später geboren wird, da ist das ein Zeichen von Hoffnung. Da entstehen Vorfreude, Erwartungen, Sorgen und Bedrohungen.
Die heute schlimmste Bedrohung ist der Kinderhandel. Man gibt Kinder in bessere Verhältnisse und kann den Wechsel zwischen Reichtum und den Zuwendungen nicht planen oder im Vorfeld abstecken. Viel zu oft wird die genetische Verbundenheit von Eltern und Kindern unterschätzt. In Jugendämtern machen sich Leute bereit,

die auch Pläne entwickeln, um Kinder ihrem Einfluss zu unterstellen.
Meine genetischen Eltern wurden offenbar oft erpresst um Gelder für „angeblich mich“ von der Regierung der DDR. Bei mir kam davon nie etwas an und die Leute, die sich damit bereichern konnten, waren Staatsdiener und meist Protzen für Macht.
Was also wählt man für sein Kind? Was legt man mit seinen Entscheidungen fest? Wichtig bleibt, dass man in allem dann auch die Folgen trägt. Die DDR und ihren Sozialismus, der sozialistisch privilegierte, schaffte man ab. Königshäuser erstarken oder sterben ab, neue Dynastien zeigen ihren Reichtum.
Wichtig aber bleibt dabei, dass man bedenkt, ein Kind kann sterben am Mangel an Nahrung und an den Folgen der zu hohen Forderungen.
Wir danken dir Herr unser Gott, dass du auch Kinder begleitest in allen Religionen und unter uns Christen in der Taufe. Du nimmst sie auf in die Gemeinschaft Familie mit all ihren Schwächen im Vertrauen auch auf unseren Schutz. Lass uns in die Erfahrung der Begleitung von Kindern auch einen Teil unseres Reichtums legen.
Gerechter Gott, du hörst meine Worte.

Amen

Gottesdienst in der Kreuzkirche in Chemnitz

Streit

Gebete zur ökumenischen Friedensdekade in der BRD im November 2017 nach den Vorgaben deutscher Kirchen in Zittau

Fragen stellen

Wer fragt, gibt zu, dass er etwas nicht ganz genau oder nicht ganz so sicher weiß. Man müsste etwas lernen, recherchieren oder man gehört zu denen, die solche Themen nicht zugebilligt bekommen sollen. Also wenn ich frage, dann meine ich das furchtbar ernst. Alle Antworten könnten mein Leben beeinflussen, verbessern oder eben bedrohen. Aber natürlich gebe ich zu, dass ich meist neugierig bin. Und man kann an Leute geraden, die ihren Reichtum sichern wollen, in dem sie falsche Auskünfte verbreiten. Man überlegt und grenzt ein, welche Themen man dann bedienen kann und wo Schweigen lohnt. Ich als Kind einer Königin in Europa darf alles wissen. Manchmal ist das belastend und oft macht das viel sicherer als die allgemeine Dummheit im Volk.

Aber auch ich bitte Gott den Herrn mit Wissen und Nichtwissen friedvoll umzugehen, um sauber in der Rechtsordnung der Völker Europas zu leben.

Amen

Zurechtweisen

Ich sei eine schlechte Lehrerin, sagt die Nachbarin. Ihr Sohn ist sitzen geblieben im Schulsystem der DDR, ihre Tochter kam auch in meinem Unterricht nur mit zusätzlicher Nachhilfe mit. Der Marktmeister meint, dass die

Autos zum Aufbauen der Stände am Markt bis um acht verschwunden sein müssen. Ich fange kaum gerne an, vor neun oder zehn Uhr zu verkaufen. In der vor etwa zehn Jahren ausgehandelten Verkaufszulassung für meine Veröffentlichungen ist man vielleicht davon ausgegangen, dass ich die einhundert und fünfzig Euro Saalmiete im nahe gelegenen Haus des Gastes später aufbringen kann für Lesungen. Die Mehrheit meiner Mitmieter in dem Haus der Wohngenossenschaft hat mein kleiner Vorgarten für die nötigen Naturmaterialien für meine Arbeit gestört und man hat demokratisch für Abschaffen gestimmt. Man will nicht mehr hacken müssen. Ich meine, das ist so Alltag. Man achtet darauf, dass es niemanden zu gut geht.
Aber auch mein Sohn hat die elfte Klasse zweimal absolviert für einen guten oder wenigstens besseren Schulabschluss, ist heute als Ingenieur für Luft- und Raumfahrt angestellt und bezieht ausreichend Lohn.
Ich aber bitte Gott den Herrn um Toleranz, Verständigung, Ausdauer, Geduld und gute Einnahmen in meinem Kleinunternehmen trotz all dieser Widerwärtigkeiten von Zurechtweisungen.

Amen

Sich Recht verschaffen

Wenn ich mir Recht verschaffen will, da fange ich da an, wo ich mich frage, was ist mein Recht. In Europa wäre es das Recht einer stimmenden Geburtsurkunde. Aber ich bin umkämpft wie eh und je als Kind einer Königin in Europa und ist man in solchen Kämpfen je ehrlich? Ich habe das noch gelernt, ehrlich zu sein. Wer an Lügen verdient, der wird das Geld brauchen oder eben nutzen wollen. Das ist dem Lügner dann wichtiger.

Wenn man aber gegen eine ganze Gesellschaft in Parteilügen angeht, wird man da je etwas erreichen? Sich Recht verschaffen... Wenn ich irgendwo anders wäre, dann würden die Lügen nicht auffallen? Solange Rechte Menschenrecht sind, da bekommt man gut Unterstützung von internationalen Gerichten. Ich bin Kind einer Königin in Europa. Wer Unterschriften der Kinder der Könige fälscht, der wird oft hingerichtet. Wo hat man das vor dem Fall der Mauer gelernt? Und möchte mancher in der modernen Moral nicht lieber das Fälschen zulassen?

Also ich sehe das streng. Das ist mein Recht, nicht das aller ganz gewöhnlichen Menschen.

Viele bitten Gott den Herrn, dass man Sonderrechte abschafft. Viele wollen für gleiche Rechte kämpfen.

Ich erinnere an Kompromisse. Beim Wegfall von Arbeitslosengeld II möchten viele das Recht auf Arbeit zurück. Mit der Unterbringung in Heimen für Behinderte und Pflegebedürftige mit der Möglichkeit mit zu helfen derer, die nicht mehr auf dem ersten Arbeitsmarkt vermittelbar sind im Rahmen der eigenen Fähigkeiten, bekommt man das Recht auf Arbeit zurück, aber ohne gesetzlichen Mindestlohn. Das schließt Obdachlosigkeit aus. **Viele danken Gott dem Herrn** dafür und auch das kann sozial sein.

Ich aber bitte Gott den Herrn um ausreichend Verdienst, genügend hohes Einkommen, gute Ideen für meine Kleinkunst und meine Veröffentlichungsarbeit und um alles, was meiner Familie und dem Gedanken der Freiheit Raum gibt.

Amen

Mit dem Schwert des Richters

Das Richten muss man neu bedenken. Ich würde die gesellschaftlichen Veränderungsmöglichkeiten einplanen. Was in der DDR Recht war, das muss heute, **Gott sei Dank,** nicht mehr gültiges Recht sein. Ich fasse das mit einfachen Worten zusammen:
Man schützt.
Man hilft leben.
Man richtet.
Aber wie lehrt man, ohne Lügen zu leben?
Wir alle legen das Richten zu gern in Gottes Hände und bitten ihn als den Mächtigeren um sein Urteil.

Amen

Streit um Wasser

In vielen Gegenden der Erde reicht das Wasser nicht immer für alle und für den in Europa gewöhnten Luxus im Umgang mit Wasser. Aber in den Zeiten, da die Sozialordnungen härter werden, wird auch an Wasser oft gespart. Man hat dann Wasser und weiß, wenn man die Rechnung dafür im Sommer nicht bezahlen kann, wird man obdachlos oder das Wasser wird abgestellt. Man muss abschätzen, sparen, manchmal kann man verschwenden oder Wasser zum Abhärten benutzen. Solche Wahl ist anstrengend und belastet. Erst wenn man reich ist und für alles zahlen kann, würde das besser. Für Wasser ist das vielleicht noch so einfach möglich, aber für all den anderen Luxus wie Häuser, Schlösser und Villen kaum.
Oft fehlen uns die Möglichkeiten, am gerechten Verteilen mitzuwirken. Immer „alles für alle gleich“ zu teilen, werden wir kaum je schaffen.

Herr unser Gott, wir bitten dich um gerechte Verteilung unserer Güter, um unser Mitwirken an solchen Zielen und für Geduld bei allem Versagen dabei. Alle Kriege nämlich bringen mehr Streit und mehr Leid.

Amen

Im Streit mit Gott

Wir lernen in den Gebeten der Kirchen, dass Gottes Wille geschehe. Aber möchten wir Gott, dem Herrn so viel Raum einräumen, dass auch noch sein Wille siegt? Möchten wir uns nicht Ziele setzen dürfen, die nicht erreichbar sind? Was ist Gottes Wille? Was will ich heute und was will ich morgen? Was wird, wenn mein Wille nicht mit dem Gottes übereinstimmt?
Was wird, wenn die Prüfungen, die Gott den Menschen auferlegt, einfach nicht zu erfüllen sind? Darf man Gott dem Herrn in Versuchung führen? Darf man seine Gebote übertreten oder bringt das alles immer noch mehr Schwierigkeiten? Was aber sollte so ein Streit mit Gott überhaupt bringen? Vielleicht hört Gott der Herr meine Sorgen, mein Stöhnen, meine Wünsche? Ich bitte Gott den Herrn, dass ich das alles gut ertrage und immer mal wieder Gewinne und Stärke aus Glauben ziehe. Aber lohnt streiten mit Gott? Das würde voraussetzen, dass man Gott gut kennt. Es ist davon auszugehen, dass man den Glauben mitnimmt von Ort zu Ort, ins All und später in ferner Zukunft vielleicht von Planet zu Planet.
Herr unser Gott, wir bitten dich, lehre uns Demut, Verantwortungsbewusstsein, Geduld und Hoffnungen zu ertragen und würdig damit umzugehen.

Amen

Dicke Luft

Am häufigsten gestritten wird in Familien, Parteiversammlungen, Vereinen und am Stammtisch in den Kneipen. Ich gehöre zu denen, die sich furchtbar wenig Zeit für Streit nehmen. Man geht Spannungen aus dem Weg, wenn man sich mehr Zeit für seine Arbeit nimmt und sich seinen Arbeitsaufgaben gut widmet. Was könnten wir streiten, wenn wir zusammen wohnen würden alle in einem Haus in unserer Familie? Wären meine Kinder je fertig geworden, ihre Kredite zu tilgen für die Ausbildung, für Studien oder für ein Promotionsstudium etwa. Kann man sich ohne Arbeit Wohnungen leisten wollen dauerhaft? Immer wird all das Frage von Streit und dicker Luft sein. Aber auch mit Parteientscheidungen geht es ähnlich. Das wollte man, das hat das schreiende Volk verhindert. Wo ordnet man sich ein? Immer wieder steht man am Weg der Entscheidungen. Fliehe ich oder halte ich dem Streit stand? Wenn ich auf mein Leben zurück schaue, dann bin ich recht stolz. Mich findet man schon zu Lebzeiten im Lexikon für deutschsprachige Autoren. Wenn ich erklären sollte, wie ich dahin gekommen bin, da entsteht für mich dicke Luft.
Herr unser Gott, du begleitest uns in guten und schlechten Zeiten. Du begleitest uns im Leben und Sterben. Lege deine Hand schützend über mich.

Amen

Friedlicher Protest

Friedlich protestiert haben die Menschen im Osten oft und lange. Man verbrachte viel Zeit damit. In manchem, wie etwa der Reisefreiheit, waren wir erfolgreich. Wenn man früher nicht überall hinreisen durfte, da wird heute

der Geldbeutel das Maß der Reisemöglichkeiten. Was ich im Verlauf eines Jahres sparen konnte, kann ich im Herbst nutzen für meine Reise ins Vereinte Königreich. Reisen ist Abenteuer, Bildung, Erholung und manchmal einfach etwas anderes Leben. Wir haben uns den Mauerfall um die DDR gewünscht. Manche sind reicher geworden, manche aber auch viel ärmer. Viele haben die Altersfürsorge nicht gut genug bedacht.
Wir haben den Mauerfall erreicht, aber protestieren wir nicht weiter? Wünschen wir uns nicht eine Mauer gegen Zuwanderung, gegen Kontrollen in Wohnungen, gegen das Fehlen von Schutz?

Man kann nachdenken über Meinungsfreiheit, Versammlungsfreiheit, das Abschaffen von vielem, was es so gibt. Ich überlege meist, ob man seine Zeit nicht sinnvoller nutzen kann als mit friedlichem Protest.
Herr unser Gott, lehre uns mit der Enttäuschung umzugehen, wenn aus dem Fall der Grenzen durch unsere Proteste neue Grenzen entstehen.

Amen

Der Vater aller Dinge

In einem Buch sehe ich mich als kleines Kind auf dem Arm meines Vaters. Ich war da sehr froh und glücklich, fühlte mich von ihm geschützt und war furchtbar bedeutend, wenn sich mein Vater Zeit für mich nahm. Vielleicht hätte ich eine glückliche Familie gehabt, wenn die DDR meine Tante nach dem Tod König Georg VI. an meine Familie heraus gegeben hätte. Aber meine Tante war sehr beliebt. Von den Geschenken ihres Vaters oder ihrer Mutter Elisabeth Königin Mutter hatten viele im Dorf Schellenberg in Sachsen besser gelebt. Die DDR wollte die Frau nicht heraus geben.

Mein Vater meinte, dann muss meine Mutter Königin werden und meine Tante für mich sorgen. All das - also auch die Sorgen und das Leid kommen vom Vater. Vater aller Dinge sein, das bedeutet Reichtum und Schuld, Armut und Verzicht. Aber an der Liebe des Vaters zerbricht man nicht. Man hält sich daran fest und richtet sich daran auf. Gott Vater, Sohn und Heiliger Geist bilden die Dreifaltigkeit, in der wir arbeiten und leben lernen müssen.
Herr unser Gott, wir Christen danken dir für dieses Wissen.

Amen

Wehe Euch

Was würde es bringen zu drohen? Beim Streiten habe ich wenig erreicht. Man müsste den Verdienst sehen dabei oder die Erfolge. Während man sich über den Mauerfall um die DDR mehrheitlich freute, brachte das Öffnen der Unterlagen der Staatssicherheit der DDR viel Streit. Zu viele in der Politik, den Kirchen, manchen Religionsgemeinschaften wollten daran verdienen oder sich an anderen für erlittenes Unrecht rächen. Immer aber muss man bedenken, was entsteht und was bleiben wird. Wehe Euch und man könnte oder man kann bloß noch schießen und töten?

Wehe Euch, wenn ihr meine Gebote übertretet, würde Gott der Herr sagen. Immer wählt man mit. Wo aber liegt der Punkt, an dem den Frieden niemand mehr erträgt? Wo und von welchem Punkt an ist man lieber tot, als dass man sich das gefallen lässt oder mitmachen muss?
Herr unser Gott, du begleitest uns bei der Wahl in den Entscheidungen, in denen wir Schuld auf uns laden. Du

teilst mit uns solche Schuld und vergibst. Lass uns das alles voller Verantwortung sehen.

Amen

Evangelische Stadtkirche Düsseldorf auf einer meiner Reisen

Fake news

Fake news - das ist ein neuer, moderner Begriff. Viele verstehen ihn nicht. Das sind aber auch all die falschen Angaben, auf die man oberflächlich betrachtet in den Massenstrukturen von Völkern stößt, wenn damit Politik gemacht werden soll, für Produkte und Verkauf geworben wird oder wenn man andere in die Irre schicken möchte. Wir älteren sagen oft, das hatten wir früher nicht. Aber zugeben müssen wir, man merkt das vielleicht bloß nicht immer so ganz schnell. Das laute Schreien um den totalen Krieg unter Hitler hat viele Verluste gebracht. Der Sieg war Traum. Oft sind angekündigte Gewinne falsche Angabe oder deren Übergabe nie zu realisieren. In einer britischen Lotto – Verlosung hatte ich im Internet gewonnen. Der Vertreter der Geldübergabe – Firma wollte die Reisekosten als Vorschuss von mir. Es gab die Firma bei meiner Kontrolle wirklich im Vereinten Königreich. Aber würde ich so einer zweifelhaften Angabe Geld schicken können? Würde mich dieser Mann der Geldübergabe, der vielleicht Inder war oder eine indische Herkunft hatte, je erreichen in Zittau, um mir das Geld zu übergeben? Alle die richtigen und falschen Angaben aber bestimmen unser Leben.

Herr unser Gott, deine Gebote und deine Worte bleiben beständig. Hilf uns allen, dass wir uns an deinen Geboten orientieren.

Amen

Krieg 3.0

Gebete zur ökumenischen Friedensdekade vom 11. bis 21. November 2018 in Zittau

Es reicht für alle

Herr unser Gott, wir bitten um das tägliche Brot in Gebeten, die schon die Jünger Jesus gelernt haben. Das tägliche Brot, die Kleidung, die Möglichkeit für allgemeine Schulbildung und medizinische Versorgung gibt es wirklich für alle. Aber wir haben interessante Modegestalter, wunderschöne Autos, Reisemöglichkeiten, Villen, Häuser und viele Dinge, die Abwechslung bringen und nicht in diese übliche Grundversorgung gehören. Ich habe mich mit vielen Arbeitsverträgen im Westen, mit viel Arbeit vielleicht unter dem Wert und mit ewigen Ehrenamt unbeliebt gemacht. Aber mein Verdienst war dabei immer so hoch, dass er für gute Kleidung, eine eigene Wohnung oder eine Wohnung in Familie und ein erträgliches Auto gereicht hat in der DDR und nach der Wende. Schon die Freundin im Westen, die mir in der DDR getragene Kleidung für mich und meine Kinder geschickt hat, haben mir viele nicht gegönnt. In unserem Europa reicht es für alle, aber das Mehr, das Bessere, das Außergewöhnliche ist erstrebenswert.
Für viele Eltern ist heute das Außergewöhnliche so erstrebenswert, dass Kinder als die Schwächeren leiden an Hunger und Vernachlässigung auch in Europa.
Herr unser Gott, wir bitten dich um Einsicht, dass viele, die Mehrheit im Volk oder in meinen Wunschvorstellungen einfach alle lernen, was man anderen zubilligt **und was alles nicht.**

Amen

Ausgemustert

Herr unser Gott, wir werden hinein geboren in eine Gesellschaft oder Gemeinschaft, die Regeln hat, die wir lernen anzuerkennen. Oft müssen wir uns unterordnen.
Irgendwann wollen wir die sein, die diese Regeln bestimmen und beeinflussen. Wir beginnen zu kämpfen. Manchmal ist dieser Kampf erfolgreich und manchmal wird er weniger geachtet. Immer muss er in der Rechtsordnung der jeweiligen Gesellschaft liegen. Man kann Grenzen überschreiten, man kann zu hohe Forderungen stellen, man kann bei Forderungen an sich versagen. Man kann ausgemustert werden.
Ausgemustert aber wird auch, wer gesundheitliche Forderungen nicht erfüllt für etwa den Militärdienst. Ausgemustert sein und Versagen gehören zu unserem Leben dazu. Als Kind wurde ich ausgemustert, in der DDR die Musikschule zu besuchen. In der Nachwendezeit konnte ich das für acht Jahre als Hobby mit meinen Kindern gegen Bezahlung an der Musikschule in Zittau buchen. Entscheidend bleibt, wie man mit Ausmusterung umgeht. In der DDR und als ich noch jünger war, da habe ich über etwa fünfzehn Jahre angestellt gearbeitet für die Rentenversicherung. Später habe ich meist selbständig gearbeitet, man nahm in Anstellung jüngere. Ausgemustert werden aber kann auch Chance sein. Sie kann helfen, der Grundeinstellung treu zu bleiben und sich nicht zu verbiegen, oder nicht für einen Staat vereidigt zu sein. Entscheidend bleibt, welches Maß man dabei wählt.
Herr unser Gott, du begleitest uns, mit deinen Geboten und in unseren Gebeten um zu wählen, wie es weiter geht, wenn wir die Norm der Gesellschaft oder ihre

Forderungen nicht erfüllen. Lehre uns, deine Hilfe dankbar anzunehmen.

Amen

Ich singe dem Herrn ein Lied

Herr unser Gott, willst du es überhaupt hören wie das klingt, wenn ich dir ein Lied singe? Ist das nicht mein Anspruch, dass du mir zuhören musst oder ist es deine Zusage? Anfangen würde ich mit den Kinderliedern deiner Kirche in meiner Burg von Dover. Eine solche Kindheit mit Ballbad und Fingermalfarben hatte ich nicht. Man macht sich nicht schmutzig, man lernt. In meine Erinnerung haben sich meine Kinderlieder tief eingeprägt. Eines fand ich im ersten Gottesdienst nach dem Fall der Mauer in meiner Burg von Dover wieder, eines vor ein paar Jahren zur Beerdigung eines Herrn, der meiner Familie treu gedient hatte und streng katholisch war. Im ersten Lied ziehen britische Soldaten noch als Christen in den Krieg.

„Onward Christian soldiers marching us a to war, with the Cross of Jesus going on before ...." Und das andere redet von der Kraft der Heerführer als Mittler zwischen Gott und den Menschen. „I, the Lord of sea and sky, I have heard my people cry, all who dwell in dark and sin my hand will save. I who made the stars of night, I will make their darkness bright. Who will bear my light to them? Whom shall I send?"

Meine Antwort war: "Here I am Lord. Is it I Lord? I have heard you calling in the night.

I will go Lord if you lead me. I will hold your people in my heart."

Erinnert habe ich mich beim ersten Besuch im Gottesdienst nach dem Mauerfall in der Kirche der Burg von

Dover, dass diese Leute immer noch meine Kinderlieder singen, die in der DDR verboten waren. Wenn ich dir Herr ein Lied gesungen habe, dann hat sich der Text oft geändert. Die Lieder gingen von „Jesus geh voran“ bis „Wer will die Lieder der Freiheit verbieten ...... keine Macht, kein Gewalt, kein Befehl, kein Gericht, denn wir werden sie immer behüten ...und ein Rückwärts gibt es für uns nicht ...“.

So wie ich für meine Mutter das „God save the Queen“ singe, singt man das irgendwie auch für mich als Elisabeth III. Wir haben komplizierte Zeiten, **Herr unser Gott.**

Was immer passt, als Lied in christlichem Gedenken ist ein „Ave-Maria“.

Herr unser Gott, wir danken dir für die Schätze deiner Lieder und der Musik.

Amen

Gott sorgt sich um das Leben

Herr unser Gott, du sorgst dich um unser Leben. Wir sind schwach, wir müssen darauf vertrauen, dass das wahr bleibt. Wir legen unser Leben und Sterben in deine Hände immer und jeden Tag neu. Bloß das, diese Zuversicht, diese deine Zusage lässt uns leben.

Mitten in Deutschland schauen wir dem Verbrechen täglich neu ins Auge.

Wir müssen damit leben, wenn unsere Autos geklaut in Polen wiederauftauchen. Wir müssen damit leben, wenn unsere Freunde und Brüder sterben, weil sie erstochen oder abgeschossen werden. Wir ordnen uns ein, da wo wir die nächsten sein können. Du sorgst dich um das Leben **Herr.** Hilf uns, dass wir sterblichen Menschen nicht anfangen wollen, über Leben und Sterben zu be-

stimmen. Aber wir sehen auch, dass sich viele nicht unterordnen und demütig sein wollen. Wir erkennen, dass ohne Hinrichtungsrecht niemand gehorchen will den Gesetzen unserer Gesellschaft und unseres Lebens.
Herr unser Gott, wir bitten dich, dass du uns in der Sorge für unser Leben den Frieden ein wenig stärker spüren lässt. Lass uns aber auch in den Folgen unseres Handelns deine göttliche Härte ertragen. Du wirst kommen zu richten mit dem Schwert. Lass uns demütig Frieden stiften, wenn es in unserer Kraft steht.

Amen

Schöpfung schmecken

Herr unser Gott, wir schauen oft auf das breite Spektrum deiner Schöpfung und denken an uns Menschen. Was dient uns und was belastet uns. Was dürfen wir uns nehmen und was sollten wir vermeiden? Uns fallen Autos, Stromkosten und Abfälle unserer Tätigkeiten ein. Wir erkennen aber auch, was sich alles immer und immer wieder ändert an dem, was uns die Gesellschaft an konkreter Nahrung bietet. Seit dem Mauerfall gibt es im Osten immer ausreichend gute Nahrung, sauberes Essen und lukrative Speisen etwa aus den fernen Ländern. Uns fällt es schwer, daran vorbei zu kommen, wenn das Maß des Essens der Preis ist. Für ein Sesambrötchen heute hätten wir sechs oder acht in der DDR gebackene Brötchen gegessen. Das, was es für alle gab und gibt, bekommt große Unterschiede. Lass uns bereit werden, dass wir diesen Luxus und diese Vielfalt erhalten und schützen wollen. Für uns frühere DDR–Bürger ist Schöpfung schmecken genießen geworden. Ich bediene mich mit edler Kosmetik. Bei den Lebensmitteln gibt es beim Kauf etwa bei Butter keine Begrenzungen der

Mengen. Schöpfung schmecken ist bei mir in meinem endlichen Leben eher den Luxus unserer Gesellschaft annehmen geworden.
Herr unser Gott, ich danke dir dafür.

Amen

Kriegsfolgen

Herr unser Gott, für mich waren die Folgen des zweiten Weltkrieges furchtbar hart. Ich durfte nicht mit meinen Eltern aufwachsen. Zur Tilgung von Kriegsschuld, zur Wahrung von Frieden, für die Klärung von Fragen zum Leben der Schwester oder Halbschwester meiner Mutter sollte ich auf Forderung der deutschen Regierung und der Besatzungstruppen in Deutschland aufwachsen und erzogen werden. Ich hatte da bei zwar noch mehr Glück in der DDR als mein Bruder im Saarland.
Immer werden die Folgen der Kriege extrem hart sein. Aber aus dieser Härte heraus entsteht auch die Bereitschaft, etwa für Militärführer auf Kriege zu verzichten.
Herr unser Gott, als Elisabeth III. danke ich dir für deine treue Begleitung. Ich erkenne an, dass man weit mehr scheitern kann als ich mit meinen weit weg lebenden Eltern und ihren zu mir oft unterschiedlichen Möglichkeiten und Rechten.

Amen

Noah – Menschen

Herr unser Gott, du gehst mit jedem Menschen seinen eigenen Weg. Noah war ein Mann, der dem Wink Gottes vor einem Hochwasser folgte, wie so mancher Landwirt, der an der Küste lebt und Dämme baut. Das

Hochwasser könnte kommen und Noah baute eine Arche, um darin zu überleben mit seiner Familie, seinen Tieren und ordentlich Besitz. In der biblischen Geschichte kommt das Hochwasser wirklich. Man bangt um Überleben in einer fest abgegrenzten Gemeinschaft. Noah und seine Familie überleben glücklich und dankbar. Als die Taube nicht mehr zurück zum Futter kommt, startet man das Leben neu an Land. Man beginnt mit dem, was man gerade noch hat.
Viele solcher Gemeinschaften gelten heute als erstrebenswert. Ich überlege, dass man das Unheil vielleicht eher umgehen kann? Vor vielen Unwettern wie etwa Lawinen im Winter in Europa kann man das auch heute noch nicht. Es ist ein gutes Modell zum Lehren, eine Möglichkeit Verluste zu überwinden. In einem für mich bedeutenden Kirchenlied in Deutschland bittet man **Gott den Herrn:** „Führst du mich auf raue Wege, gib mir auch die nötige Pflege." Bei Noah und in meinem Leben hat sich Gott der Herr daran gut gehalten.
Herr unser Gott, ich danke dir dafür mit meinem Leben.

Amen

Machtmissbrauch

Herr unser Gott, geboren als Kind einer Königin und eines Herzogs in Europa bin ich an Machtfragen von klein auf gewöhnt. Machtfragen sind alltäglich. Man begegnet den Wachen als Spielzeug. Ich durfte in die Pelzmützen fassen, sie streicheln und an den Wert der Bären glauben. Das Fell hat uns Menschen gedient. Mein Bruder musste sich verbeugen und ich einen Knicks machen, wenn wir etwas von unserer Mutter wollten. Manches an Strenge konnte ich für meine Kin-

der übernehmen. Vieles davon hat sie gut auf das Leben vorbereitet. Aber vieles davon grenzt vom Alltag des Volkes ab. Es bildet Macht und trainiert Machtgebrauch. Mit den Wachen konnte ich spielen, aber ihren Weisungen musste ich auch folgen. Ich denke über die Möglichkeiten von Macht heute nach und über die Gefahr von Machtgebrauch. Als ein in Großbritannien geborener deutscher Staatsbürger, der das Vorrecht Elisabeth II. in Europa anerkennt, wollte ich einen Arbeitskreis Englische Kirche im Zittauer Pfarramt ansiedeln, für das ich mit meiner Familie beim Aufbau in der DDR und damit in Deutschland noch gespendet hatte. Der Zittauer Pope war mächtig.
Er konnte das verweigern. Aber der Wegfall der Spenden der hier angesiedelten Briten Zwang zum Verkauf einer Kirche. Wollte der deutsche Pfarrer nicht kämpfen und andere vernichten? Stirbt seine Familie nicht am Kampfeswillen gegen den Willen Gottes? Wo beginnt Machtmissbrauch? Wann bereut man den Einsatz von Macht, und wie durchschaut man die ewigen Lügen zum Machterhalt?
Herr unser Gott, ich als Elisabeth III. wurde dem Frieden verpflichtet. Werde ich so mächtig sein, dass er hält? **Man kann Gott bitten** um gute Ideen für den Versuch, den Frieden zu erhalten. Aber werden die Folgen des Machtmissbrauches derer, die die Unterlagen des Staatssicherheitsdienstes der DDR nutzten, nicht wirklich zu Kriegen führen?
Im Gegensatz zu mir schließt die deutsche Kanzlerin Waffengebrauch und Töten nicht aus. Muss nicht ich mich umstellen?
Herr unser Gott, ich frage dich um Rat.

Amen

3.0 Welches update

Herr unser Gott, ich höre das Schreien des Volkes der Deutschen in einem Film meiner Jugendzeit, in dem auf die Frage Hitlers alle laut „Ja“ schrien.
„Wollt ihr den totalen Krieg?“ „Ja“ schrien Frauen und Männer, Jugendliche und Kinder. Man wollte kämpfen, man wollte töten, man wollte andere vernichten. 3.0 welches update? Ein dritter Weltkrieg? Welch ein Ereignis? Was könnte man ausrichten? Wie könnte man in Gemeinschaft in die Schlachten reisen und alles auf Kosten des Staates?
Ein dritter Weltkrieg und wie könnte man aus seinen behinderten, ungebildeten Kindern die Helden der Nation stylen? Man brauchte sich nicht schämen, wenn im Schreien zu den Demos der Vorwendezeit Erziehung auf der Strecke blieb? Man brauchte sich nicht zu schämen, wenn man im Jubel der deutschen Einheit kein Geld für die Ausbildung der Kinder bereit gestellt hat? Ein dritter Weltkrieg und alle nehmen auf gleiche Weise Schaden? Es gäbe die Unterschiede nicht mehr?
Welch ein Ereignis? Welche Folgen? Will man das wirklich?
Herr unser Gott, ich würde dem Willen des Volkes kaum folgen. Ich bitte dich aber, bewahre uns vor solchen Vorstellungen von Krieg. Schütze Leute wie mich vor den Rechtsverletzungen des gewöhnlichen Volkes und vor möglichen Übergriffen auf mein Leben.

Amen

Veranstaltung der ökumenischen Friedensdekade

Neue Chance

Herr unser Gott, wir reden von Kriegen und nutzen die Gelegenheit, jede Chance für Frieden zu ergreifen. Das ist der Brief an meine Eltern. Das ist der Marktverkauf, der wegen der Kälte oder Regen ausfallen könnte. Das könnte das höfliche Wort sein an meine Nachbarin, die bereits zum Mörder wurde im Durchsetzen ihrer Wünsche.

Während viele beim Mauerfall jubelten, habe ich der möglichen zukünftigen Fragen gedacht. Neue Chancen gibt es immer wieder fast täglich, wenn man sein Leben so erfolgreich gestaltet hat bis die Rente als Kasse der Gemeinschaft immer zahlt und stabil ist. Man muss sei-

ne Arbeit so ganz streng nicht am Verdienst orientieren. Vieles wird leichter.
Herr unser Gott, dich begleitet unser Dank.

Amen

Verjagter Frieden

Herr unser Gott, der Frieden könnte langweilig werden. Man müsste immer schreiben, basteln, verkaufen, Kinder wickeln und für andere kochen. Wir würden Felder bestellen, alleine arbeiten und vielleicht noch von der Ernte abgeben. Ist es nicht normal, dass man seine Arbeit und seine Leistungen für sich nutzen will?
Auch für deine Kirchen Herr unser Gott, kann es nicht normal sein, dass man sich den Wünschen der Regierungen widersetzt. Man könnte in den Folgen seiner Wünsche den Frieden verjagen. Dann kommt Krieg. Wir bitten dich Herr, dass du uns davor bewahrst. Aber wir sagen am Ende eines Gebetes: Dein Wille geschehe.
Herr unser Gott, lehre uns, deinen Willen zu erkennen, anzunehmen und danach zu handeln.

Amen

Friedensklima

Gebete zur Friedensdekade in der Ökumene deutscher Kirchen im Jahr 2019 in Zittau

Visionen und Träume
Als Kinder haben wir oft geträumt mein Bruder, unsere Freunde und ich. Aber das Leben hat uns irgendwann viel zu zeitig getrennt. Jeder musste leben und arbeiten an dem von Gott, dem Herrn oder auch an dem von den Menschen zugeordneten Platz. Unsere Eltern mussten sich in den Folgen des zweiten Weltkrieges dem beugen, meinten alle. Ein wenig sahen sie vielleicht auch den Machtanspruch, der dabei entstehen kann.
Ich habe als Kind in solche Vorstellungen der Politik eingewilligt. Manchmal bin ich darüber sehr froh und manchmal bereut man seine Entscheidungen. Wenn die Vorstellungen anderer so weitreichend werden, wie die für mein Leben und die für das Leben meines Bruders, dann träumt man oft. Man hatte in dieser Zeit Visionen von Wiederaufbau, Reichtum und gerechterem Leben.
Herr unser Gott, wir bitten um Frieden trotz unerfüllter Träume, trotz gescheiterter Visionen. Lehre uns Herr, Scheitern und Tod würdig zu ertragen und friedvoll anzunehmen ebenso wie Freude und Reichtum.

Amen

Was zählt?

Es zählt für uns Menschen, was von uns bleibt, wenn wir sterben. Bleiben wird, was andere erinnern lässt an uns als Menschen. Bei der hohen Zahl der Bevölkerung auf unserer Erde muss es sehr viel sein, was ein Mensch

geleistet hat, dass man seiner gedenkt. Von mir als Autorin wird ein Eintrag in das Lexikon deutschsprachiger Autoren bleiben über viele Jahre unserer Zeit auf der Erde, solange Frieden bleibt.
In den Folgen der Arbeit zu den Fragen meiner Herkunft ordne ich mich ein in die Thronfolgen elisabethanischer Thronfolger im Herrschaftsgebiet Elisabeth II. Das ist schon ein wenig mehr. Oft bin ich darauf wirklich stolz. Aber meist messe ich an dem, was ich mir dabei selber leisten kann für mich, meine Kinder und Menschen, die ich mag oder denen ich beistehen möchte in ihren Sorgen und Problemen.
Was zählt ist aber auch all das, was man sich wirklich leisten kann. Dennoch sollte für Christen die Liebe und Stärkung durch Gott, den Herrn und unseren Glauben Anteil am Leben haben. Mein Leben war so bestimmt. Hätte ich nicht höhere Maßstäbe und Forderungen setzen sollen?
Herr unser Gott, trotz aller Unsicherheiten in der Realität menschlichen Lebens und aller Unterschiede zwischen den Menschen bitten wir um Frieden. Lass uns bedenken, wann wir deine Gebote übertreten und wie wir in unserem Handeln abwägen, was für das Miteinander erträglich bleibt.

Amen

Spüren

Herr unser Gott, du lässt Gefühle zu. Ich spüre beinahe täglich, dass es für mein Leben gut war, eines deiner Gebote zu brechen. Was wäre aus uns in unserer Familie geworden, wenn wir uns nicht getrennt hätten und jeder seinen eigenen Weg durchgehalten hätte? Hätten wir den Verbrechen, Versagen und Mordversuchen standge-

halten? Wie oft war ich da, wo mich niemand erreichen konnte durch Arbeitsverträge etwa im Westteil Deutschlands, auf Reisen im Vereinten Königreich oder in Europa. Uns alle verbindet die Erkenntnis, dass wir und eigentlich niemand ohne Schuld durch sein Leben kommen kann. Sicher hat man dabei auch Verluste. Herkunft bleibt Segen dabei und ist manchmal Last.
Gerechter Gott, du räumst uns dabei so viel Raum ein, immer wieder mit zu wählen, wo wir Schuld tragen und woran wir nicht zerbrechen wollen.
Dafür danke ich Dir, Herr unser Gott.

Amen

Angst

In vielen Gegenden unserer Erde ist das tägliche Leben bedroht. Wir haben Angst vor Verfolgung, Vertreibung, vor Hunger oder gar Folter. Wir hören im Radio oder Fernsehen von bewaffneten Überfällen, von Entführungen, von Raub und den Alltagsbetrügereien. Man schließt dabei weder Kinder aus, noch ältere Menschen, noch Religionsgemeinschaften oder Kirchen. Wir haben Angst und fühlen uns bedroht. Wie können wir uns effektiv schützen? Das beeinträchtigt alles Leben in Familien, Gemeinschaften oder einfach miteinander. Oft kann uns das Vertrauen zu Gott, dem Herrn nicht mehr helfen. Wir bitten dann um Stärkung, aber wird man so auf Dauer Kriege ausschließen und verhindern?
Herr unser Gott, wir legen unsere Entscheidungen in deine Hände.

Amen

Verträge

Diese Fragen und Möglichkeiten von Verträgen von Regierungen haben mein Leben streng bestimmt von Geburt an. Ich habe mich dabei immer einsichtig gezeigt in die Aufgaben und Verantwortlichkeiten der großen Politik, die über Krieg und Frieden bestimmt. Ich habe eingewilligt, in der Familie meiner Tante aufzuwachsen schon als kleines Kind. Das gehörte in der Zeit nach dem zweiten Weltkrieg zu den international festgelegten Forderungen, unter denen meine Mutter Krönungsrecht für das Vereinte Königreich von Großbritannien und Nordirland halten konnte. Meinen Eltern war das sehr wichtig. Ich war ein liebes Kind. Für mich war das Leben in diesen Verträgen hart. Es gab immer wieder Forderungen an Leistungen und an Einsichten. Aber ich gebe zu, ich habe lieber die Verträge eingehalten als mir Vorteile verschafft. Heute meine ich, ich war zu einsichtig, zu hilfsbereit, zu großzügig und zu tolerant. Aber hätte die deutsche Regierung und deutsche Gerichte das Hinrichtungsrecht in diesen Verträgen toleriert? Hätte ich mit mehr Härte mehr erreicht? Für mich wird fraglich, ob man die Erde erhält, in diesem Grenzbereich ermordet zu werden oder schneller zu töten? Mein Bruder hat sich in diesem Mandelbachtal über Gäste gefreut. Seine Besucher waren aber seine Mörder. Die wollten nicht Erbrecht über mentale Modelle für die Arbeit der Könige zulassen, sondern Krönungsrecht über Gewalt und Geld für sich selber. In der großen Politik und im Alltäglichen sieht man die Fragwürdigkeit von Verträgen. Wer zahlt dabei welchen Preis?

Eine lokale Betreuungsfirma schließt einen Betreuungsvertrag mit einem Briten, dem man falsche Namen verpasste, um zu verdienen. Sie wirbt ihn mit guten Ange-

boten ab. Die Regierung zahlt die Abwerbekosten aus den Steuern. Muss man in allen Verträgen nicht die Verwendung von Geld neu bedenken?
Oft aber können wir **Gott den Herrn** bloß um Begleitung, Vergebung und Bewahrung von Leben bitten und noch öfter leben wir bloß mit dem Tod anderer. Möchte so ein Mörder nach zehn Jahren Verurteilung nicht auch wirklich immer wieder töten und sich als den Stärkeren erleben?
Herr unser Gott, bewahre Deutschland vor Verrohung wie in der Zeit des deutschen Nationalsozialismus. All das könnte wieder vorkommen.

Amen

Tisch

In der Familie, in der ich aufwuchs, war seit Generationen das Versammeln um den Esstisch sehr wichtig. Während in der Zeit des Lebens auf dem Dorf Schellenberg noch alles aus der eigenen Produktion und den Künsten der Verarbeitung kam, gab es später immer öfter Produkte aus fremden Gegenden und anderen Ländern. Die Zeit um das Essen und zwischen den unterschiedlichen Gängen von Vorsuppe, Hauptgericht und Nachtisch nutzte man für meist aktuelle Gespräche. Alle Beteiligten wurden sich so kaum fremd. Es ging um Arbeit, Politik und weniger um Religion.
In den Geboten der christlichen Kirchen und ihren Gebeten bitten wir um das tägliche Brot. Ein wenig entsetzt schaue ich auf ein aktuelles Foto im Zittauer Gemeindeblatt. Für alle, die noch wirklich Hunger kennen im reichen Deutschland und für alle, denen die Schnitte zwischendurch beim Hunger der Arbeit auf den Feldern bekannt ist, bleibt der gedeckte Tisch so Kulturform.

Wenn ich mir vorstellen sollte, dass aus dem runden Tisch der Diskussionen im Jubel der Einheit in Deutschland der Tisch so für meine Kinder geworden ist, wie es das Gemeindeblatt zeigt, dann denke ich an den nötigen Schutz innerhalb von Familien. Was bleibt erstrebenswert und was schaffen nur alle gemeinsam?
Herr unser Gott, wir bitten dich um Begleitung in Krieg und Frieden und in den alltäglichen Problemen.

Amen

Straucheln

In unserer Gesellschaft hat sich unter Deiner Führung, **Herr unser Gott,** mit dem Fall der Mauer viel verändert. Vieles hat uns das Leben leichter und schöner gemacht. Aber es gibt auch so manches, was uns in Verantwortung, Handeln, Planen und Umsetzen straucheln lässt. Dazu gehört etwa der Fakt, dass alle Handys haben, digital vernetzt sind, an Computern sitzen und so tun, als ob gerade das das Wichtigste sei. Ich erschaudere dabei immer, wenn ich mich mit den Arbeiten meines Sohnes vergleichen soll. Was macht der an meinem Computer, was passiert da? Plötzlich ändert mein Computer von der Farbe weiß zu schwarz. Was habe ich für eine falsche Taste gedrückt? Wer könnte mein Passwort geknackt haben? Liegt diese Veränderung an mir? Ich könnte mich geirrt haben?
Herr unser Gott, dass lässt mich oder uns alle straucheln. Begleite uns auch in den Grenzbereichen unserer Gesellschaft in Wissenschaft und Forschung. Sei mit uns und stärke uns im Nachdenken jeden Tag neu.

Amen

Feinde

Herr unser Gott, wir sollen unsere Feinde lieben. Ich besuche einen Gottesdienst der Evangelischen Kirche in Zittau und denke, dass sind eigentlich alles meine Feinde.
Sie kommen zeitig und man kennt viele aus der DDR – Zeit. Sicher würdige ich den Einsatz im Kampf für den Fall der Mauer. Was an Gesellschaft uns aber das Öffnen der Unterlagen der Stasi, die Arbeit der Parteien in Deutschland brachte, das wollte ich kaum. Mit den heute in Kirchen kess erzogenen Kindern kann ich in meinem Kleinunternehmen nie etwas anfangen. Da müsste man sich streng nach mir richten und mir dienen. Streng in Familie erzogen und eigentlich viele Jahre erfolgreich in Familie gelebt könnte ich mit Jugendlichen, die von mir Geld oder Lohn haben wollen, aber nicht mir nutzen wollen, wirklich nichts anfangen und bloß Abstand halten. Vereidigt als Kindersoldat einer Armee orientiere ich mich dann an Militärordnung, Rangfolge und eben Dienst. Oft meine ich dann, das muss ich mir nicht antun und manchmal: das könnte gut ausgehen. Lass uns bedenken, was wir erreichen wollen mit privaten Schutztruppen und ob wir die nicht wirklich nötig haben, wenn Jugendliche notfalls Messer zücken, um die Stärkeren zu sein und Beute zu machen.
Herr unser Gott, wir danken dir für deinen Schutz. Wir wissen am Ende sind wir dann bei dir. Aber wird das Gedenken christlicher Werte immer ausreichen?

Amen

Missetat

In unserer gegenwärtigen Gesellschaft sind die Missetaten und die Verbrechen häufiger geworden. Es gibt, Waffen zu kaufen und illegale Bewaffnung. Viele meinen, dass man das braucht. In meiner Familie unter König Georg VI. und Königin Elisabeth II. wachsen selbst Kinder gelegentlich mit Waffen auf. Man ist reich und bereit sich zu schützen.
Auch ich bin für deutsche Verhältnisse mit fünfunddreißig Arbeitsjahren als Frau reich geworden und bekomme monatliche Zahlungen aus der Rentenkasse. Man muss sich und sein Eigentum schützen.
Wann und wie weit ist das real und von wo an wird aus solchem Schutz Missetat? Welche Gefahr bringt Bewaffnung? Ein Jugendlicher aus unserem früheren Bekanntenkreis hat in Tschechien sich nicht kontrollieren lassen wollen, weil das auch Europa ist und eine Waffe gezückt. Der Tscheche schoss schneller. Zwischen dem Bild der Opfer und der Täter liegt das, was man falsch gemacht hat.
Wir danken Dir, **Herr unser Gott,** dass du Schuld vergibst. Bewahre uns vor Schuld und Missetaten, die wir nicht wählen wollten. Lehre uns umzugehen mit dem, was wir können, dürfen und was wir bereuen könnten.

Amen

Angestupst

Mit den ersten Reisen ins Vereinte Königreich von Großbritannien und Nordirland, den ersten Gottesdienstbesuchen in Dover, Glasgow, London und Windsor und natürlich dem Auftauchen der ersten Bibeln in englischer Sprache habe ich mich entschlossen, diese

Kirchenfragen ein wenig genauer zu betrachten. Ich habe einen Arbeitskreis Englische Kirche gegründet. In den englisch sprachigen Gemeinden nutzt man oft Zeit nach einem Gottesdienst zum Zusammensitzen, zum Schwatzen und für Austausch in der Gemeinde. Der Arbeitskreis trifft sich fast jede Woche, pflegt manchmal das Grab der älteren Schwester Ihre Majestät Königin Elisabeth II. im heutigen Chemnitz. Er will britisch vereidigte Offiziere in Gemeinschaft gemäß der Vereidigung sich gegenseitig helfend in deutsche Gesellschaft integrieren oder ihnen den Weg zurück in ihre Heimat ermöglichen. Es ging mir eigentlich aber dabei um mich. Wie gebe ich schadlos die Wahrheit zu?
Vereidigt als Kindersoldat Ihre Majestät Königin Elisabeth II. hat mein Leben viele Leistungen und Erfolge gebracht. Ich möchte neben meinen Menschenrechten auch das Recht haben, die Wahrheit zuzugeben und gemäß meiner Entscheidung der Vereidigung zu leben. Ich hätte die Diskussion um die Einheit der Deutschen hinterfragt und damit auch die Einheit der Kirchen. Angestupst hätte ich die Diskussion um Konfessionen, um Richtungen für die Ausübung christlichen Glaubens. Mir ist die Vielfalt der Kirchen in Großbritannien aufgefallen und die Tatsache, dass so ein deutscher Pfarrer selbst mir damals noch als Gemeindeglied, so einen Arbeitskreis Englische Kirche in seinen Räumen nicht genehmigen muss, selbst dann nicht, wenn wir als Gemeindeglieder für dessen Bau noch spendeten. Der Arbeitskreis trifft sich jede Woche, sucht nach Texten in Englischer Sprache und meint, man lernt besser das „Vater unser" zuerst, ehe man in solchen britischen Gemeinden mitreden will. Ich stelle mich heute der Frage, viel hätte ich nicht erreicht, wenn ich heute höchstens

ein deutsches Kirchenlied im Gottesdienst parallel zur Gemeinde in Englisch mitsingen kann. Aber mit Gottes Hilfe hätte ich diese Frage angestupst.
Herr unser Gott, ich danke dir dafür.

Amen

Säen und ernten

Herr unser Gott, du hast uns die Gnade geschenkt, dass wir vom Säen und Ernten leben können. Das was dabei entsteht ist unser Reichtum. Manchmal sind die Verluste dabei so hoch, dass wir verhungern könnten. Wir bedenken unser Wirken dabei. Ich bedenke das für mich. Geboren in einem furchtbar reichen Haushalt, dem Seiner Majestät König Georg VI. in England musste ich zuerst streng erzogen alles lernen, was mir Erwachsene lernen könnten. Sie wussten, dass ich ausgesendet werde, um Kriegsschuld zu tilgen. Die Ernte viel mager aus. Ich wurde Straßenkind und hatte nicht einmal ausreichend zu essen. Aber ich fand mit Hilfe von vielleicht Freunden die Familie meiner Tante in Chemnitz in Sachsen wirklich. Von da an gab es reichlich sauberes Essen, Schule, Studium und für mich die Bereitschaft für solchen Reichtum zu helfen. Ich erntete die Schätze von Familie.
Bei mir setzte sich der Wechsel von Säen und Ernten fort. Ich heiratete und erzog zwei Kinder. Ich gab Geld aus und schwatze heute gelegentlich mit den Enkeln. Ich ernte Hilfe und Gemeinschaft. Ich musste mich wegen Arbeitslosigkeit und Herkunft selbständig machen. Ich wurde Autorin und gründete einen Eigenverlag. Dabei entstanden so viel Einnahmen, dass ich davon leben konnte und verdiente. Das war der Lohn für harten Einsatz.

Dass Du mich, **Herr unser Gott,** nicht in solche Situationen geführt hast, wo man die Rechte anderer verletzt und kriminell wird, dafür danke ich dir. Aber ich bitte dich auch, deine Ernte könnte für mich ein wenig reichlicher ausfallen. Ich lege dabei mein Herz in Deine Hände und nehme an, was du mir zu billigst, **Herr unser Gott.**

Amen

„Umkehr zum Frieden“

Gebete zur ökumenischen Friedensdekade 2020 in Zittau nach der Vorgabe der Themen deutscher Kirchen im Gesamtziel Frieden

Schalom

Herr unser Gott, wir bitten um Frieden. Für mich kommt schon das Wort Schalom aus dem Hebräischen, aus Israel und aus dem Judentum.
Von der Regierung der Briten, der königlichen Familie um König Georg VI. auf das Leben in Deutschland vorbereitet, frage ich mich, ob Juden uns dankbar sind für die Befreiung aus den Konzentrationslagern der Deutschen, die Kriegsanleihen und unendlich hohe Kosten forderten? Aufgewachsen in der Familie eines strengen Deutschen, der mit meiner Tante verheiratet war, also mit der Schwester meiner Mutter Ihrer Majestät Königin Elisabeth II., und die ihr furchtbar ähnlich sah, war Judentum immer Ärgernis von Besitzstreben, Geldgier und eben dem Gedanken, etwas Besseres zu sein. „Wir wünschen Frieden euch allen“ übersetzen wir das in einem Lied „Hevenu schalom alejchem“. Die Tochter eines Juden des Sächsischen Landtages hat meinen Bruder ermordet im Wahn Vorwärtskommen der Juden im heutigen Deutschland. Mir aber fehlt mein Bruder oft. Ich konnte ihn fragen als Professor der Universität Dresden.
In meiner Dienstzeit als Elisabeth III. habe ich mich für Frieden entschieden.

Herr unser Gott, halte Juden in Zaum, in genügendem Abstand zu unseren Familien, damit Frieden vielleicht auch bleibt unter Elisabeth IV. und Elisabeth V.

Amen

Versöhnung

Herr unser Gott, wir bitten um Frieden. Ich danke dir für Gesundheit, gute Arbeitsleistungen, gesunde Kinder und Enkel und eine weltweit bedeutende Familie. Für mich ist Versöhnung das Wischi waschi derer, die etwas haben wollen, was sie sich nicht verdienen müssen. Sie haben das so nicht geschafft und fordern Ausgleich. Ich soll verzeihen, wenn der Sächsische Landtag unter der Frau eines Juden mit meiner Geburtsurkunde Unterschriften fälschte und den Schaden dann mir anhängen will. So weit geht mein Verzeihen nicht. Immer wieder kann uns das passieren, dass Deutsche oder Juden morden, weil sie es nicht gelernt haben, dass „Du sollst nicht töten.“, sondern sie lernten, dass eben jetzt sie bestimmen. Ich meine, man muss das dann so auch ansprechen. Versöhnung kann nicht das Tragen einer rosaroten Brille des Sozialismus werden. Vorstellen kann ich mir ein Miteinander mit der Familie des Mörders meines Bruders oder des Mörders meiner Nichte in der Familie in Deutschland kaum. Meine Nachbarin wurde Mörder aus Judenüberzeugung heraus. Wenn mich Juden fragen würden, dann schicke ich sie heute nach Israel. Versöhnung kann nicht das sich Verzetteln werden, was sich viele von Arbeitenden wünschen für Gleichheit mit allen.

Herr unser Gott, mache uns stark, dass wir für unsere Ideale sterben und diese Bereitschaft würdig bis in den Tod durchhalten.

Amen

Umsturz

Herr unser Gott wir bitten um Frieden. Wir haben in Sachsen die zweite Welle der Corona Pandemie. Das verändert alles. Viele Geschäfte der Innenstadt geben ihren Handel auf und schließen. Zeitweise ist alles geschlossen, damit man sich nicht infizieren kann und andere nicht anstecken. Das Einschränken der sozialen Kontakte ist nötig, damit man sich von lauter Liebe auch trennen kann, wenn sich Arbeiten bloß an anderen Orten ermöglicht. Wenn ich es nicht geschafft hätte, dass alles hinter mir zu lassen und im Westen zu arbeiten für etliche Jahre, dann hätte ich heute keine Wohnung, die ich mir von einer wenn auch bescheidenen Rente leisten kann. Was früher lukrativ war, nämlich in einer Gemeinschaftseinrichtung zu wohnen und auf Besuche zu gehen, das bleibt nicht zugelassen. Wenn ich früher für 5 Euro so mal jemanden mitarbeiten lassen konnte bei einem Stadtfest, dann wird das heute doppelt so teuer.

Beim Wort Umsturz frage ich mich, was deutsche Kirchen wohin stürzen wollen, von dem, was so mancher machtbesessene Pfarrer nicht erträgt. **Herr unser Gott, schenke unseren Feinden genügend Weisheit, damit sie einplanen, dass sie auch die Folgen ihrer Arbeit verantworten.** In Deutschland verantwortet meist jeder selber, was er macht.

Bild der Autorin beim Verkauf

Herr unser Gott, lass uns all diese Veränderungen und Umstürze immer wieder ertragen.

Amen

Ohnmacht

Herr unser Gott, wir bitten um Frieden. Ich denke an mein Leben. Wie ohnmächtig gegen die Deutschen war ich als Straßenkind in Berlin nach den Streitigkeiten der Politiker der Deutschen mit meinem Vater, meiner Großmutter und dem früheren Earl of Spencer? Wie viele Probleme bekam dieser Rudolf Himpich selbst mit seiner Frau, als er plötzlich ein Kind in seinem Bett schlafen lies? Was konnte der Herr Ebert machen, als er plötzlich ein anderes Kind aus der Kinderklinik in Karl -

Marx – Stadt zurückbekam, weil das erste gestorben war? Was konnten die Offiziere der NVA der DDR machen, wenn sie nicht in solche Dienstaufträge ihrer Armee gehen wollten? Macht sich da nicht überall Ohnmacht breit? Oder liegt die Ohnmacht einfach an unseren Wünschen? Wir möchten das durchsetzen. Wir möchten das haben, was wir wollen. **Herr unser Gott, schenke uns Wege für ein erträgliches Leben.**

Amen

Lebenswende

Herr unser Gott, wir bitten um Frieden. In meinem Leben war wenig stabil. Es hat sich immer viel gewendet. Geboren in Windsor Castle musste ich zum Tod König Georg VI. umziehen in die Burg von Dover. Ich wurde Soldat. **Welch ein Wechsel war das.** Von 1954 an musste ich für fünfzig Jahre in Deutschland Dienst tun bis zum Jahre 2004 in Verträgen der Regierung meines Heimatlandes und der Deutschen. Ich wurde Straßenkind in Berlin. Auf der Suche nach einem Vater, der mir helfen könnte, kam ich für einige Zeit in ein Kinderheim. War Straßenkind sein nicht schöner? **Welch ein Wechsel war das?** Dann wurde ich in eine Familie adoptiert, in der ich mit Messer und Gabel essen musste und es reichlich Essen gab. **Welch Veränderung für ein unterernährtes Mädchen war das?** 1962 hatte ich die Aufnahmeprüfung in eine deutsche Vorschule geschafft, in der ich ab September täglich lernen konnte. **Welch ein Wechsel war das?** 1970 wechselte ich auf eine höhere Schule der DDR mit Englisch – Unterricht, meiner Muttersprache. Der Lehrer war in meinem Oxford zu Gast gewesen. Dahin durfte ich nicht reisen,

solange es die DDR gab. Ich hatte Bildungsauftrag für die Deutschen. Ich wurde Lehrerin. **Welch ein Wechsel war das?** 1977 heiratete ich. Es gab zwei Kinder und viel Sorge für andere. Immer gab es Veränderungen. 1989 kam der Fall der Mauer. Es gab Arbeitsverträge in Ost und West. Der Wechsel war Alltag. Von 1998 an gab es die Freiberuflichkeit und noch mehr Wechsel. Es gab Arbeit als Freiwilliger im Krieg in Kroatien 1997. Es gab eine Ehescheidung 2002, Veröffentlichungen und Ausstellungen. Die wechselten von Ort zu Ort.
Herr unser Gott, ich danke dir für die vielen Möglichkeiten mich diesen Lebenswenden anzupassen und denen Stand zu halten, sie zu ertragen und daran zu wachsen.

Amen

Feindbilder

Herr unser Gott, wir bitten um Frieden. Feindbilder haben wir immer kennen gelernt. Das Leben in der Burg von Dover als kleines Kind wollte man mir kaum zubilligen. Wir hatten aber auch Kriegsgefangene. Das waren Feinde gewesen. Später in Berlin waren das meine Feinde, die sich darüber lustig machten, dass ich so arm war und die nach meinen Eltern fragten. Mein Vater war vielleicht König geworden? Für die Mutter in der Familie, in der ich aufwuchs, waren alle Feinde, die ungebildet waren oder mit ihren Kindern nicht selber zurechtkamen. Bei uns klappte das immer mit Schule, Bildung und Staat. Ich mag diesen Begriff Feindbild nicht besonders. Im Wechsel des Lebens kann man manchmal helfen, manchmal werden sogenannte Freunde lästig. Ich möchte meine Unterwäsche in einer christlichen Gemeinschaft nicht mit einer Freundin teilen, die damit wegen ihrer arischen Kirchenherkunft protzen kann und sich auch noch benachteiligt fühlt, wenn sie völlig versagt hat. Arbeitslos bin ich nicht. Wie aber wollen Sozialhilfeempfänger beraten? Ich meine, ich müsste sie dann beraten, damit sie arbeitsfähig werden. Das Geschwätz, das haben wollen, die Gier, die macht sie zu Feinden. Wenn man lernen würde, Abstand zu halten, damit ich wählen kann, mit wem ich leben will, dann wäre mir geholfen. **Herr unser Gott, bewahre uns vor der Nähe zu den Feinden unserer Lebensformen.** Bei mir beginnen die Feinde meiner Lebenskultur, da wo mir heutige Jugendliche beibringen wollen, was man spart, wenn man ohne Tischdecken vom Schneidbrett speist. Selbst meine Schwiegertochter versucht das nicht. Nehme man an, was möglich bleibt und schütze sich mit **Gottes Hilfe** vor seinen Feinden.

Amen

Saulus

Herr unser Gott, wir bitten um Frieden. Aus Saulus wird in der biblischen Geschichte Paulus, ein Diener Gottes, der an gutem Ansehen gewinnt und die ersten Gemeinden gründet. Saulus war voller Fehler, Gleichgültigkeit, Neid, Hass und Kampfeswillen. Heute in unserer Zeit ist das eher umgedreht. Aus Pfarrern, die im Dienst der Kirche beginnen, werden Bürger, die mehr haben wollen, um für ihre Kinder besser zu sorgen, die für sich mehr kaufen können und bestechen. Kirche ist nicht mehr am Glauben orientiert, sondern am Geld. Es beginnt mit den Forderungen nach lukrativen Wohnungen, nach Kosten, die sich Gemeinden kaum leisten können. Wenn sich mein Mann scheiden lässt, dann zahlt der Pope aus den Gemeindegeldern für eine Haussanierung. Schaden aber solche Vertreter der Geldgeschäfte und eben die Wechsler unserer Zeit damit nicht dem Ruf der Kirchen und der Familien? Kann ein Pope Geld abzweigen für seine uneheliche Tochter weit weg in Europa? Wie sollte man rechtfertigen, dass Gemeinde immer solche Gelder nachfüllen soll? Wenn man zur Kirche geht, dann wird man mit den Forderungen konfrontiert, was alles andere brauchen? **Herr unser Gott, führe uns dabei auf deinem Weg und schütze uns vor den unberechtigten Forderungen anderer.**

Amen

Kraft

Herr unser Gott, wir bitten um Frieden.
Muss ich stark, mächtig, diszipliniert, erfolgreich gewesen sein, wenn ich am Ende meines Lebens als Rentnerin mir eine so kleine Wohnung leisten kann, dass ich niemanden störe und in Ruhe den Sender meiner Wahl Fernsehen darf? Wenn mich andere dabei noch beneiden, wie muss es da zugehen? Wir wissen aber auch, dass man dort, wo ich jetzt wohne, nicht immer geschützt sein wird und den Einbrüchen irgendwann erliegt. Steuerpflichtiges Erbe wird man der nächsten Generation kaum hinterlassen. Man müsste bewaffnet sein, um Lebensmittelvorräte zu schützen auch in Deutschland. Wo zwischen Flucht und Verstecken ordnet man sich ein in der allgemeinen Volksverbitterung nicht erfüllter Träume von Kommunismus, Kirchenkommunismus, Einheitskirchen und eben den Machtträumen der nächsten Generation?

Herr unser Gott, lass uns unsere Werke erkennen und mit unseren Leistungen leben in den Grenzen der Machtgesellschaften Europas.

Amen

Barmherzigkeit

Herr unser Gott, wir bitten um Frieden. In meinen Überlegungen ist Barmherzigkeit eine Aufforderung zum Handeln. An die Einschränkungen für Besuche unter Corona – Bedingungen halten sich hier wenige. Ich verlagere mein Einnahmengebiet von Verkauf meiner Kunstkarten und Veröffentlichungen zu sozialer Hilfe wie Haare schneiden, Wäsche waschen und Einkaufen. Ich müsste das als Barmherzigkeit sehen. Ich sehe das als Geschäftssinn. Dabei fallen mir ein paar Euro ab, mit denen ich nach Zeiten von Corona mein Geschäft wieder ankurbeln kann. In solchen Zeiten denkt man an sich. Wird das wieder besser? Wird man Hilfe brauchen? Wird man mir Möglichkeiten zum Helfen und Ordnen einrichten? Man soll zusammenhalten. Ich frage mich, wer hält zu wem? **Herr unser Gott,** hilf uns, dass wir uns einerseits an die vollen Kleiderkammern der Deutschen gewöhnen und andererseits daran, dass sich viele nicht ordentlich kleiden wollen, sondern andere abschrecken. Lass uns stabil bleiben, wenn reiche Hausbesitzer ihr Haus schlecht verwalten und keine Einnahmen erzielen, aber auch keine Sozialhilfe zum Ausgeben bekommen.

Herr unser Gott, lass uns stabile Wege zur Annäherung finden.

Amen

Zufriedenheit

Herr unser Gott, wir bitten um Frieden. Bleiben wir dabei überhaupt noch glaubwürdig? Ich bin mit meinem Leben meist furchtbar zufrieden. Ich habe 500 Quadratmeter Landbesitz, ein kleines Auto ohne Mängel beim TÜF, eine zwar recht kleine, aber bequeme Wohnung. Ich habe gesunde Kinder, gesunde Enkel. Ich gewöhne mich als Christ an den Gedanken, dass ich das, was man klaut als Spenden betrachte. Die Probleme mit den Geheimdiensten liegen dann bei den Nutzern und den Dieben. Im deutsch, britischem Verhandeln war ich gegen das Vermassen der Parteien nicht sehr erfolgreich. Mit der Arbeit oder dem Schwätzen in den Gerichten Europas gleiche ich das wieder ein wenig aus. Man stellt meine Texte zu denen meiner Eltern, meiner Familie. Für das Aufklären wird man wirklich wieder fünfzig Jahre brauchen.

Ich habe mit meiner Arbeit Geld verdient und es dafür wieder ausgegeben. Ich habe versucht, andere mitzunehmen. Ich konnte mich dabei verwirklichen. Ich bin an Unsicherheit, Angst, Gott vertrauen gewöhnt. Anderen reicht das nicht. Eine Stelle zum Mitreisen in ein Flüchtlingslager in Kroatien muss niemand annehmen, und ich denke an die dankbaren Augen der Kinder. Zufriedenheit kann so weit gehen, dass einem andere das nicht gönnen. Ich aber frage mich, was ich wo wie noch schaffe in meinem Alter. Für viele Arbeiten nimmt man mich nicht mehr. Aber für meine Freiberuflichkeit, die ich mir selbst einteile unter einer Steuernummer beim lokalen Finanzamt, reicht das noch.

Herr unser Gott, ich bin dankbar für deine Begleitung in meinem Leben. Lass mich mit allem Erfolg, allen Niederlagen zufrieden und dankbar sein.

Amen

Fülle

Herr unser Gott, wir bitten um Frieden. Der lange Frieden hat Europa reich gemacht. Seit Generationen geben wir das Erbe von den Großeltern zu den Kindern und Enkeln weiter. In meinem Bücherregal steht ein Lexikon in zwei Bänden, das war das einzige Nachschlagwerk im Bücherregal des Großvaters Oskar Martin im Dorfe Schellenberg. Es gibt Bücher der Familie Friedrich und Hanna Ebert. Man hat sie nicht weggeworfen, sondern man schaut selbst bei Kochrezepten immer mal wieder hinein. Wir schöpfen heute aus einer selten möglichen Fülle.

In einem der Bücher, welches dieser Friedrich Ebert gekauft hatte, sah er mich als Kind, meine Herkunft, meine Eltern. Fülle kann auch diese Weisheit bedeuten, mit der er mich in die Fragen der Klärung meiner Herkunft schickte. Wir haben dich aufgenommen, auch wenn du nicht mal richtig deutsch konntest. Wir haben dir alles geschenkt, was uns möglich war. Zurück gefordert hat der Herr Ebert selten. Meine Eltern durften nie von mir fordern und mussten zufrieden sein mit dem, was ich abgeben konnte ab dem Mauerfall.

Herr unser Gott, ich habe mir Mühe gegeben, die Fülle zu leben, die du mir in Wahrung von Recht, in Regierungstreue, ab dem Mauerfall in Reisefreiheit und in Frieden geschenkt hast. Dafür bin ich dir – Gerechter Gott - dankbar.

Amen

Brüssel 2020

Reichweite Frieden

Gebete zur ökumenischen Friedensdekade 2021 in Zittau nach der Themenvorgabe deutscher Kirchen

Friedensprozess

Herr unser Gott, wir verzweifeln am Prozess des Friedens. Immer und immer geht alles anders aus, als wir uns das vorstellen. Die früheren Mitarbeiter der Staatssicherheit der DDR sind davon überzeugt, dass nur ihre Spionage den Frieden erhalten hat. Sie bilden neue Spione aus und bauen neue Überwachungssysteme. Als Kind bin ich aufgewachsen zwischen dem Windsor Castle, dem Buckingham Palace und dem Schloss Balmoral. Es war eine schöne Kindheit bevor ich 1954 als Kindersoldat der Briten meinen Dienst in Deutschland begann. Heute wohne ich in einer Ostdeutschen Genossenschaft recht preiswert. Aber man spioniert bei mir. So billig möchte man nicht wohnen. Ich schaue auf die Wohnung der gerade verstorbenen Nachbarin, die Polen ausräumen. Königshof Genossenschaft für alle wird nie Realität.
Herr unser Gott, vergib diesen Menschen und ihrer Gier die Schuld, die ihnen sonst niemand mehr vergeben möchte.

Amen

Ämter

Herr unser Gott, heute sind Ämter sehr wichtig geworden. Sie sichern Einkommen und grenzen Verantwortung ein. Mit den Worten: „Wem Gott ein Amt gab, dem gibt er auch die Schlüssel." da begann das Verwalten der Räume der evangelischen Studentengemeinde in meiner Studienzeit für ein paar Jahre. Es schloss das Putzen, das Begrüßen der Referenten und das Verwalten der kleinen Bibliothek ein mit den vielen Büchern, die ökumenische Gäste aus dem Westen bei ihren Besuchen mitgebracht hatten. Mit der Übernahme der Schlüssel meiner kleinen Einraumwohnung 1998 ging das Verwalten weiter.
Was aber macht man dagegen, wenn andere Bürger meine Wohnungen einfach mitnutzen wollen? Was mache ich, wenn da frühere NVA Offiziere weiterkämpfen wollen, während ich selbst für meinen Unterhalt im Westen kellnere?
Herr unser Gott, vergib solchen Menschen ihre Schuld, ihre Gier, ihre Machtansprüche und ihre Wünsche nach Bestimmen.

Amen

Friedensklage

Herr unser Gott, das Klagen alleine hilft heute kaum. Mir ging es dabei so gut, dass ich auf alles Klagen verzichten konnte, welches über mein Menschenrecht Geburtsurkunde hinaus ging. Aber ich musste oft verzichten. In der DDR gab es keine Kontakte zu meinen Eltern. Das lies die Ideologie des Sozialismus nicht zu. Meine Mutter war Königin geworden 1952.

In meinem Dienst in Deutschland war ich so lieb, streng und diszipliniert, dass mich die Klagen der anderen in den Gerichten Europas nie erreichen. Es gab keine Toten, keinen Waffenhandel, keine Banküberfälle, keine anderen Einbrüche. Nicht einmal bei der Arbeit in einem Flüchtlingslager im kroatischen Split im Krieg in Jugoslawien 1997 und 1998 war ich bewaffnet. Aber ich dulde auch kaum die Großzügigkeit, das lockere Leben der anderen oder mache da gar noch mit.
Herr unser Gott, vergib meinen Mitmenschen solche Vorstellungen, solche Gier, solche Machtansprüche.

Amen

Gärtnerinnen

Herr unser Gott, wir danken dir dafür, dass wir mit bauen dürfen an deiner Welt. Das haben wir erreicht, das haben wir uns gewünscht, das möchten wir gerne. Zwischen dem, was wir wollen und dem was in den Rechtsvorstellungen Europas geht, müssen wir lernen, uns zu bewegen. In den verschiedenen Konfessionen streitet man über Geburtenkontrolle und Geburt als Gottes Geschenk. Wie wird die Welt sein, in der unsere Kinder und Enkel leben? Welchen neuen Lebensraum wirst du uns Gott schenken? Wird man Töten müssen, um der Überlebende auf neuen Erden zu sein? Werden wir diszipliniert sterben lernen für den Erhalt des Lebens als Menschen? Wir denken an Zeiten zurück, da sich Gärtnerinnen auf Gemüseanbau und Blumen pflanzen begrenzen konnten.
Herr unser Gott, vergib uns allen die Gedanken an Rache, an Töten und Durchsetzen. Schenke unseren bescheidenen Werken Beständigkeit.

Amen

Jesu Friede

Herr unser Gott, Jesu Friede ist Friede der Gemeinschaften. Jesus hatte Jünger zu seinem Dienst. Aber sie hatten Namen und er kannte sie. Am Ende löst sich mit dem Tod Jesu die Gemeinschaft auf und verteilt sich in alle Welt. Jeder Jünger versuchte sich so eine neue Gemeinschaft aufzubauen. Das hatte Vorteile und Nachteile. Es hatte über mehr als 2000 Jahre Bestand. Um den Anfängen dieser Entwicklung des Menschen zu gedenken, baute man mit den Kirchen oft prunkvolle Räume. Wenn Jesu Leben Dienst war, kommen in späteren Zeiten immer wieder die Fragen der Macht auf.
Herr unser Gott, vergib mir, wenn auch ich als Elisabeth III. immer wieder Machtfragen stelle. Sie gehören zu meinem Dienst an den Menschen.

Amen

Wegzehrung

Herr unser Gott, als ich als Kind nach Deutschland kam, da hatte ich zum Überleben viel Geld mit für den Anfang. Irgendwann war das alle. Ich hatte es verbraucht oder war unter die Räuber gefallen. Aber ich konnte in der Familie meiner Tante später aufwachsen. Beim Mauerfall hatten die Offiziere, die meine Mutter für meinen Schutz ausbilden lies, viel Geld mit. Irgendwann sind sie wohl unter die Räuber gefallen wie ich als Kind und gaben ihr Geld und die Waffen ab. Getötet hat davon niemand. Aber was wurde aus all den Schätzen?
Herr unser Gott, du entscheidest über Leben und Sterben. Mache uns stark, wenn wir erfahren, dass frühere Freunde solche Schuld tragen, dass sie die Rechtsordnung Europas hinrichtet. Hilf uns, dass wir uns denen

widmen, die damit weiterleben müssen oder ebenso dafür sterben.
Herr unser Gott, lass uns unsere Berufung, unsere militärische Vereidigung und unsere Herkunft nicht vergessen.

Amen

Shalom

Herr unser Gott, das klingt jüdisch. Jesus war Jude. Er konnte herumziehen, predigen und seine Vorstellungen von Gott verbreiten. Ich bin in einer deutschen Familie über viele Jahre aufgewachsen und erzogen wurden. Das Herumziehen und Reisen hat die DDR begrenzt. Es gab strenge Regeln von Eigentum, Arbeit und Besitz. Schalom heißt Frieden oder Friede sei mit dir. Ich denke dabei an die Kämpfe der Religionen, den Verlust meiner Heimat als Kind und an das protzige Würdigen der Juden über die Stolpersteine der Nachwendezeit oder bei Besuchen in der Zittauer Fachhochschule im Studium fundamentale. In solch neuem Sprachgebrauch schwingt für mich die Realität von Bereicherung und Kämpfen mit. Wir wissen um die Sicherheit des Unterganges der Erde in Millionen Jahren. Wir sind Staubkörner in den globalen Netzwerken der Kirchen, der Juden und des Islam als einzelne Menschen.
Herr unser Gott, führe uns, mache uns stark und schütze uns, wenn wir uns in diesen neuen Systemen entscheiden müssen.

Amen

Gelassenheit

Herr unser Gott, ich bitte dich um Gelassenheit. An den neuen möglichen Geschäften im Mauerfall wollten sich viele bereichern. Man forderte als Regierung in Sachsen Aufklärung zu den Fragen meiner Herkunft. Man wollte aufklären, aber offenbar nicht mit mir, sondern im Bereichern hinter meinem Rücken. Ich aber knüpfe an meine Herkunft und meinen Dienst Rechte. Die Rechte möchte jeder haben. Die Pflichten nimmt man so ernst nicht.
Herr unser Gott, ich bitte dich um Gelassenheit beim Aufklären. Beunruhige mich nicht, wenn manche solche Nachwendeforderungen mit ihrem Leben bezahlen. Lass uns das Weiterleben auf der Erde sichern, solange das geht.

Amen

Sanftmut

Herr unser Gott, sanftmütig ist das Lamm bevor es der Bauer zum Schlachten führt oder es ein Wolf zerreißt.
Herr unser Gott, lasse uns bedenken, wie, wann und was wir uns an Sanftmut leisten können und was uns davon eher vernichtet.
Eine neue Partei der Deutschen in Sachsen, die man gerade gewählt hat, heißt Alternative für Deutschland. Wir fragen besorgt, ob es das überhaupt gibt oder geben darf in Europa. Wir haben in Deutschland ohne Krieg die letzten Jahre überstanden und das macht uns stolz. Lass uns Leben und Sterben der nächsten Generationen bedenken.
Herr unser Gott, wir bitten um kluge Entscheidungen.

Amen

Jugendlicher Raumfahrer (Plakatwerbung Netto)

Neuorientierung

Herr unser Gott, ich orientiere mich an deinen Geboten. Ich kann aber bloß wählen, wo ich dann Schuld trage. Ich bin Kind Ihrer Majestät Königin Elisabeth II. Bei meinem Weg nach Deutschland war ich so alt, dass ich gerade drei Striche unter die Verträge der Regierungen setzen konnte. In Deutschland oder besser in der DDR konnte ich noch dazu lernen. Ich bin sicher, ich habe meine Verträge erfüllt. Aber wollten das die Deutschen zulassen? Wollten nicht eher alle mitreden? An Defizit der Einhaltung dieser Verträge zahlen die deutschen Regierenden Unsummen, die niemand je wieder einspielt.

Herr unser Gott, hilf unserer Generation, dass sie sich wieder einschränkt ohne Hass in den Geburtenzahlen und im Verbrauch. Oder dass unsere Genration lernt zu sterben ohne Geschrei und Gewalt an ihren Aufgaben etwa der Eroberung anderer Lebensräume der Forschung im Weltall.

Herr unser Gott, weise uns deine Wege in Freude und Leid und schütze uns vor Verirrungen, wenn wir selber untätig sind.

Amen

Reichweite des Himmels

Herr unser Gott, du hast mein Leben anziehend und schön gemacht. Es gab gute und schlechte Zeiten. Du hast mich gesegnet mit gesunden Kindern, mit Arbeit und Einkommen, mit Familienzeiten, Kapital Urheberrechten und mit geerbtem Landbesitz. Ich kam als Elisabeth III. nach Deutschland für den Fall Königin, zu

werden. Das stellt sich jeder schön vor außer eben mir. Ich sehe Glanz und Verantwortung.
Herr unser Gott, erhalte mir die Reichweite deines Himmels, damit ich sie mit anderen Menschen teilen kann.

Amen

Nachwort

Die ökumenische Friedensdekade in der BRD macht auf die ernst zu nehmenden Bemühungen und Wünsche für Frieden aufmerksam in den Kirchen aller Konfessionen in der Bundesrepublik Deutschland. Sie spiegeln aber nicht die Probleme der Kirchgemeinden mit den tatsächlichen Gegebenheiten unserer Zeit wieder. Zittau war dabei Standort für die Offiziershochschule Ernst Thälmann von 1963 bis 1990. Die Offiziershochschule bildete Landstreitkräfte aus.

Für viele Gemeindeglieder in der DDR – Kirche als Kirche des Sozialismus entstanden durch vollständig fehlende militärische Ausbildungen viele Probleme beim Auflösen etwa der NVA. Der Gedanke als Pfarrer in der Politik zu arbeiten nach dem Mauerfall und den NVA -Offizieren gegenüber zu stehen, die gerade alle zusammen ihre Arbeit verloren hatten, konnte man schlecht bewältigen. Die Folgen dabei trägt man auch heute noch mit bis weit in die nächsten Generationen.

Alle Fragen von ziviler Bewaffnung sind gleichzeitig Fragen nach Schutz und nach der Möglichkeit zum Töten. Viele Kirchen wollen dabei die Folgen der Politik nicht so ernst nehmen. In der DDR sind weder Pfarrer noch Kirchen vollstreckt wurden. Sie hatten aber auch nicht so ein umfangreiches Tätigkeitsfeld, das dies hätte lohnend gemacht.

Es gilt für alle das Fundament der „Zehn Gebote“ auszubauen, zu festigen und als Lebensgrundlage zu sehen. Sicher aber bleibt dabei, dass man als sterblicher Mensch immer irgendwo Schuld trägt und Gottes Vergebung braucht, um heute auch mit militärischem Versagen zu leben oder eben seinen Tod in Würde anzunehmen.

Bis zum Erscheinen des Buches gerät der Frieden in Europa immer weiter in Gefahr. Die Armee Russlands greift die Ukraine an und es gibt viele Schäden und Tote auf beiden Seiten. Man möchte meinen, das ist weit weg. Aber immer mehr Flüchtlinge erreichen uns. Vielleicht wird aus dem Gedanken von Lesen ein Traum. Vielleicht bewahrt man Bücher weiter? Wir möchten in die Zukunft schauen.

Die freiberufliche Autorin Regina Rausch, auch Elisabeth III. im Jahre 2022 in Zittau

Zufrieden mit dem erfolgreichen Besuch der Frankfurter Buchmesse 2021 reist die Autorin weiter zum Besuch ihrer Tochter und der gerade anwesenden Familienmitglieder nach Düsseldorf.